国家社科基金高校思政课专项

"全面推进习近平新时代中国特色社会主义思想进教材进课堂进头脑创新设计与实施路径研究"

(项目编号：19VSZ011)结项成果

# 理论武装何以可能？

## 新时代"三进"工作
## 创新路径研究

宋　来/著

HOW IS THEORETICAL ARMAMENT POSSIBLE ?

A STUDY ON THE INNOVATIVE PATHS OF
THE "THREE ENTRIES" WORK IN THE NEW ERA

社会科学文献出版社
SOCIAL SCIENCES ACADEMIC PRESS (CHINA)

# 序　言

习近平新时代中国特色社会主义思想作为当代中国马克思主义，是马克思主义基本原理同中国具体实际相结合、同中华优秀传统文化相结合的最新成果，其形成标志着马克思主义中国化新的伟大飞跃。为了进一步加强高校思想政治教育，全面推进习近平新时代中国特色社会主义思想"进教材""进课堂""进头脑"乃是时代的必然要求，理所必至，水到渠成。

自 2021 年 7 月 21 日国家教材委员会印发《习近平新时代中国特色社会主义思想进课程教材指南》之后，各高校迅速行动起来，举全校之力，扎实推进"三进"工作，取得了显著的成效。宋来教授的新著《理论武装何以可能？新时代"三进"工作创新路径研究》正是在总结近几年"三进"工作经验的基础上，结合自己的教学实践，对新时代如何创新"三进"工作的基本路径展开了全面和深入的探讨，是一部在这一领域进行深耕，将政治性和学理性、理论性和实践性实现真正有机结合的力作。

综观全书，我认为该书有如下三个特点：

其一，视野宏阔，学理深厚。该书的主题具有很强的政治性和现实性，如何将政治性和学理性有机统一起来，用学术讲好政治，使之做到政理同向是一个需要我们深入探讨和践行的重大课题。在思政课堂上，有些教师的授课之所以缺乏吸引力和感染力，就在于学术性、学理性不强，因而难以引发学生的思考和共鸣。马克思曾说："理论只要说服人〔ad hominem〕，就能掌握群众；而理论只要彻底，就能说服人〔ad hominem〕。所谓彻底，就是抓住事物的根本。"[1] 这里的关键是"抓住事物的根本"，所谓"事物的根本"，就是事物的本质规律性。学术、学理并不玄奥，而是指借助一定

---

[1] 《马克思恩格斯文集》第 1 卷，人民出版社，2009，第 11 页。

的学科知识及基本方法，去揭示所研究对象的深层本质和一般规律。马克思主义理论、中国特色社会主义理论体系作为党的指导思想，是有其严格的学科属性的。一般认为，马克思主义理论包括哲学、政治经济学和科学社会主义三个组成部分，而中国特色社会主义理论体系不仅贯通这三大学科，而且涵盖经济、政治、科技、教育、文化、生态、民族、军事、外交、统一战线、党的建设等多个方面，形成了博大完备的科学体系。在讲解习近平新时代中国特色社会主义思想时，应该从相应学科的学术和学理出发，考镜其学术源流，梳理其思想论争，进行中西比较，立足学术前沿，提出个人见解，如此才能使其所讲授的内容具有历史的纵深、多维的审察、丰富的内涵、现实的观照，才能在发现问题中分析和解决问题，才能培养学生的反思能力和创造性思维。因此，所谓授课的学术性和学理性，说到底，就是将其研究对象奠定在雄厚的学科根基之上，而不是游离于学科之外。离开一定的学科，就政治讲政治，从问题到问题，是永远无法企及学术的宫殿而登堂入室的。

宋来教授《理论武装何以可能？新时代"三进"工作创新路径研究》的一个突出特点，就是注重用学术讲政治，强调知行合一。综观全书，宋来教授不仅于第一章中专门探讨了马克思主义经典作家以及中国共产党历代领导人的理论教育思想、中华优秀传统文化的德治和德育理念、西方国家理论教育思想中的深厚理论渊源和实践发展，而且将学理性的要求贯穿于每一个具体内容的论述之中，给人留下深刻的印象。

其二，观照现实，不避问题。讲好思政课的另一个重要原则就是坚持理论性和实践性相统一，强化知行合一。现在，有些思政课教师的教学效果不尽如人意，还有一个重要原因就是理论和实践脱节，甚至与实践相背离。实际上，理论与实践有一种自在的统一性，因为所有理论都不是从天上掉下来的，都有其实践的根源，即使最神秘的理论也不例外。同时，人们创造理论也是因其具有一定的实践价值，没有任何价值的理论是不会产生的，即使产生了也不会长久存在下去。我们常说的理论脱离实践，乃是因为其对实践的认知和价值评判不合乎其本质规律。如果一种理论也反映了实践，但这种反映只停留在表面的感性认识上，或者即便正确反映了实践，但其价值评判不合理，这也不符合事物的内在本质及其发展规律。此为理论与实践相脱离的真实含义。

因此，理论与实践内在的本质的结合，并非通常所谓的"原理加例子"，即用生活实践中的典型事例来印证某一理论观点。在一般的教学和论著中，这种做法对于阐明抽象的哲理是有用的，但它不是理论与实践相结合的真实意义。在本质上，理论与实践相结合，诚如恩格斯所说，它是一个"由已知进到未知"①的探索过程，是一个对实践进行反思、批判从而把握其内部联系的过程，是一个深入事物的内部发现问题、分析问题和解决问题的过程。问题既是科学理论研究的起点，也是其研究的目的和意义所在。无问题则无理论，理论因问题而生，亦因问题而长。在这样的意义上，理论与实践相结合，实质上就是与问题相结合。离开问题的所谓理论，必定是自说自话的虚假说教，这就是我们何以强调问题意识和批判精神的根本原因。

宋来教授《理论武装何以可能？新时代"三进"工作创新路径研究》的另一个特点，就是凸显了问题意识，将理论与实践的统一贯穿和落实在问题的发现、探析和解答的过程之中。该书在具体论证"三进"工作的创新路径时，几乎每一章节都有对"现实问题""现实状况"的考察和分析，这种敢于正视矛盾、不避问题的写作手法，使得其具有很强的针对性和应用价值。

其三，路径探析，重在应用。理论研究的目的在于应用。该书紧扣主题即"三进"工作的创新路径，对其展开了全面和深入的研究。从"进教材"的总体要求和具体举措、"进课堂"的方法路径，到"进头脑"的关键环节，宋来教授都从学校、教师和学生的实际情况出发，特别是着眼于存在的问题，提出了切实有效、便于践行的具体措施和方法论原则，这对于搞好"三进"工作无疑具有重要的指导意义。

从一般的教学规律来看，任何一门课程都有一个"三进"即"进教材""进课堂""进头脑"的问题。"三进"工作与教材编写、课程体系、课堂教学、评价反馈、学生培养等多个方面又是紧密联系在一起的，其中教材建设是"总根基"、课堂教学是"主渠道"、融入头脑是"总任务"、建设队伍是"主力军"、评价反馈是"总机制"，它们相互关联、相互促进，构成一个复杂多变的有机系统。因此，宋来教授奉献给我们的本部大作，不

---

① 《马克思恩格斯文集》第 9 卷，人民出版社，2009，第 142 页。

仅对于搞好习近平新时代中国特色社会主义思想"三进"工作具有直接的指导意义，而且对于其他课程的建设，亦具有重要的参考价值。

宋来教授钟情学术，好学善思，在承担繁重的行政管理工作的同时，勤于研究，笔耕不辍，成果丰硕。在其新著《理论武装何以可能？新时代"三进"工作创新路径研究》付梓之际，遵作者之嘱，就该书主题谈几点粗浅的体会。

故，是为序。

左亚文

2025 年 3 月 28 日于武汉·珞珈山

# 前　言

　　党的十九大和随后召开的十三届全国人大一次会议，分别将习近平新时代中国特色社会主义思想载入党章和宪法，使之成为党和国家必须长期坚持的指导思想。党的十八届六中全会确立了习近平同志党中央的核心、全党的核心地位，党的十九大确立习近平新时代中国特色社会主义思想的指导地位，反映了全党全军全国各族人民的共同心愿，对新时代党和国家事业发展，对推进中华民族伟大复兴历史进程具有决定性意义。全面推进习近平新时代中国特色社会主义思想进教材进课堂进头脑（下称"'三进'工作"），是坚持社会主义办学方向、建设世界一流大学的根本保证，是当前进一步加强和改进学校思想政治工作、落实立德树人根本任务的重大政治任务，是推进思想政治理论课改革、落实"办好+编好、建设好、讲好"重要精神的必然抉择。

　　对"三进"工作的理论基础展开深入研究，必须明确"三进"工作在思想政治教育中的目标定位，并从课程体系、教学方法、教师队伍、评价反馈等方面，系统研究"三进"工作的实施路径。通过建立"三进"工作长效机制，夯实教材"总根基"、抓好课堂"主渠道"、落实头脑"总任务"、建强队伍"主力军"、制定评价"总机制"，建设好铸魂育人的关键课程，切实提高思想政治教育工作的质量和水平。

　　"三进"工作有着深厚的学理基础。马克思主义经典作家的理论教育思想是"三进"工作理论的基础，中国共产党历代领导人关于理论教育的实践探索夯实了"三进"工作理论的历史根基，中华优秀传统文化中的德治和德育理念是"三进"工作理论的文化底蕴。

　　"进教材"是"三进"工作的前提和基础。2021年7月21日，国家教材委员会印发了《习近平新时代中国特色社会主义思想进课程教材指南》，对全面推进习近平新时代中国特色社会主义思想进课程教材进行了全面部署。课程教材是育人载体，集中体现党和国家意志。要进一步提升课程教材铸魂育人价值，必须将习近平新时代中国特色社会主义思想融入课程教材中，进行统筹设计、系统安排。要让学生全面准确理解和把握习近平新时代中国特色社会主义思想的精髓，就必须在课程教材建设中明确"进什么"、规划"如何进"、引导"怎么教"。进课程教材是一个系统工程，要在教材修订之前、修订之中以及修订完成之后的各个环节中，解决教材设计的系统性与理论性如何结合、教材内容的现实性与实效性如何体现、教材的针对性与教学对象的需求性如何结合、教材设计的人性化和可读性等问题，从总体目标、基本原则、学段要求、课程安排、组织实施等方面入手，充分吸收实践和理论的最新成果，吸收广大教师、学生和读者的意见建议，把"进教材"工作做深做实做好。

"进课堂"是"三进"工作的主渠道、主阵地。从培养一流人才所应具备的"正确的政治方向"和"为学生一生成长奠定科学的思想基础"的要求出发，从培养一流人才所应具备的正确思想观念和实践能力两个角度出发，总结我国思想政治教育的课堂教学建设经验及存在的问题，深化对习近平新时代中国特色社会主义思想"进课堂"的方法路径研究。"进课堂"要坚持以习近平总书记在学校思想政治理论课教师座谈会上提出的"八个相统一"为根本遵循，即坚持政治性和学理性相统一，确保政理同向；坚持价值性和知识性相统一，促进有机融合；坚持建设性和批判性相统一，涵养辩证思维；坚持理论性和实践性相统一，强化知行合一；坚持统一性和多样性相统一，做到统筹兼顾；坚持主导性和主体性相统一，提升协同效应；坚持灌输性和启发性相统一，注重教学相长；坚持显性教育和隐性教育相统一，实现全员育人。

"进头脑"是"三进"工作的根本目标。"进头脑"就是要用习近平新时代中国特色社会主义思想去形塑人的价值观念、精神世界及政治信仰等，去武装人的头脑，促进习近平新时代中国特色社会主义思想同个体思想相融合，使其成为个体的思维方式和行动指南，指导个体的实践活动，转化为个体的行为准则，表现为人的行动和思想上的转化。深厚的精神情怀、坚定的理想信念及科学的理论体系，共同构成了"进头脑"的基本内容范畴。从根本任务上看，习近平新时代中国特色社会主义思想"进头脑"，就是"培养一代又一代拥护中国共产党领导和我国社会主义制度、立志为中国特色社会主义奋斗终身的有用人才"①。习近平新时代中国特色社会主义思想"进头脑"工作的内在逻辑是人与科学的理论之间的交流互动，"进头脑"的过程就是个体对习近平新时代中国特色社会主义思想的客观体验、主观接受、主动内化、积极实践的过程，表现出人的利益、行为、思维、思想与科学的理论之间的内在统一。

全面推进"三进"工作要切实发挥教师主力军作用，加强"三进"工作教师队伍建设。当前，我国"三进"工作教师队伍仍处在"综合搭建"向"优化完善"的战略转型阶段，在人员架构、组织机构、学科建设、培养培训等方面都亟待完善升级。在学校思想政治理论课教师座谈会上，习近平总书记对新时代思政课教师提出明确要求。"政治要强""情怀要深""思维要新""视野要广""自律要严""人格要正"② 这"六要"，是党和国家对"三进"工作教师核心要求的精准阐释。"三进"工作要求教师牢牢把握"六要"的目标定位，理解掌握"六要"的内涵本质，在学思践悟中积极探索"六要"落地生根的实践路径。同时，一方面要全面发挥教师、学校、国家等多个层面的合力作用，加强顶层设计，提供强有力的政策制度保障；另一方面要加强继续教育培训，助力教师核心素养的提升。

面对新时代我国教育现代化以及"三进"工作守正创新的重要任务，"三进"工作质量评价需要进一步思考"为什么评价""谁来评价""评价什么""如何评价"等重要问题。要想深刻把握这些问题，首先需要明确"三进"工作质量评价的基本原则、主要内容、方式方法，不仅要坚持政治评价与业务评价相统一、客观评价与主观评价相统一、结果评价与过程评价相统一、定性评价与定量评价相统一、精准评价与模糊评价相统一的基本原则，还要深入开展"三进"工作的对象接受质量评价、过程质量评价、结果质量评价、领导管理质量评价、队伍质量评价。在此基础上，科学把握"三进"工作质量评价的发展趋势，把"三进"工作质量评价推向新高度。

---

① 《习近平著作选读》第 2 卷，人民出版社，2023，第 195 页。
② 参见习近平《思政课是落实立德树人根本任务的关键课程》，人民出版社，2020，第 12~16 页。

# 目　录

# 导　言

## 一　研究背景

### （一）研究意义

教育是国之大计、党之大计。教育对于国家富强、民族振兴、社会进步、人民幸福，具有基础性、先导性、全局性的地位和作用。党的十九大和随后召开的十三届全国人大一次会议，分别将习近平新时代中国特色社会主义思想载入党章和宪法，使之成为党和国家必须长期坚持的指导思想。党的十八届六中全会确立了习近平同志党中央的核心、全党的核心地位，党的十九大确立习近平新时代中国特色社会主义思想的指导地位（以下简称"两个确立"），反映了全党全军全国各族人民共同心愿，对于推动新时代党和国家事业发展、实现第二个百年奋斗目标、推进中华民族伟大复兴历史进程具有决定性意义。习近平新时代中国特色社会主义思想是当代中国马克思主义、二十一世纪马克思主义，是中华文化和中国精神的时代精华，实现了马克思主义中国化新的飞跃。全面推进"三进"工作，是当前和今后一段时期我国各级各类学校落实立德树人根本任务、培养担当民族复兴大任的时代新人的重大政治任务。

1. "三进"工作是坚持社会主义办学方向的根本保证

政治方向正确是加快推进教育现代化、建设教育强国、办好人民满意的教育的首要问题。长期以来，习近平总书记围绕坚持正确政治方向办好中国教育，围绕"建设什么样的大学""如何建设大学""如何建设一流大学"等问题，发表了一系列重要论述。其中，对于"建设什么样的大学"，习近平总书记2014年5月日在北京大学师生座谈会上指出，"办好中国的世界一流大学，必须有中国特色"①。对于"如何建设大学"，习近平总书记强

---

① 《习近平谈治国理政》，外文出版社，2014，第174页。

调，"我国有独特的历史、独特的文化、独特的国情，决定了我国必须走自己的高等教育发展道路，扎实办好中国特色社会主义高校"①。习近平总书记的论断指明了社会主义办学方向。关于"如何建设一流大学"，习近平总书记指出，"高校只有抓住培养社会主义建设者和接班人这个根本才能办好，才能办出中国特色世界一流大学"②。对这三个问题的回答，都表明新时代背景下建设中国高校必须服务于中国特色社会主义建设，必须坚持中国特色社会主义的办学方向。无数事实表明，"办好我们的高校，必须坚持以马克思主义为指导，全面贯彻党的教育方针"③。习近平新时代中国特色社会主义思想，源自新时代中国共产党领导和团结全国人民为实现中华民族伟大复兴而不懈奋斗的伟大实践，是马克思主义中国化的最新成果。"三进"工作就是用当代中国马克思主义来充分地武装广大师生的头脑，推动高校与中华民族同进步、与中国特色社会主义同发展。因此，全面推进"三进"工作，将习近平新时代中国特色社会主义思想融入学校建设、教书育人的方方面面，大力引导学生充分认识习近平新时代中国特色社会主义思想，增进政治认同、思想认同、理论认同和情感认同，是坚持社会主义办学方向、建设中国特色社会主义高校、建设世界一流大学、培养社会主义建设者和接班人的根本保证。

2. "三进"工作是落实立德树人根本任务的时代主题

教育的根本任务在于培养人才。正因为如此，习近平总书记指出，"高校立身之本在于立德树人"④。所谓立德树人，首先就要立德，立德的目的是树人。思想政治教育工作是学校培养人才的首要工作。当前世界正处于百年未有之大变局，国际格局和国际体系正在发生深刻调整，全球治理体系正在发生深刻变革，各种思想、思潮相互交锋、交流、交融。高校是各种思想、各类思潮汇集、交流的集散地，牢牢把握学校意识形态工作的绝对领导权和维护马克思主义在高校意识形态领域的指导地位的挑战也日益严峻。"必须推进马克思主义中国化时代化大众化，建设具有强大凝聚力和引领力的社会主义意识形态，使全体人民在理想信念、价值理念、道德观

① 《习近平谈治国理政》第 2 卷，外文出版社，2017，第 376 页。
② 习近平：《在北京大学师生座谈会上的讲话》，人民出版社，2018，第 5 页。
③ 《习近平谈治国理政》第 2 卷，外文出版社，2017，第 377 页。
④ 《习近平谈治国理政》第 2 卷，外文出版社，2017，第 377 页。

念上紧紧团结在一起。"① 要想将立德树人工作落到实处，有效地推进学校思想政治教育工作，必须有一个科学的思想理论作指导。习近平新时代中国特色社会主义思想是马克思主义中国化最新成果，具有超强的引领力、凝聚力和建构力，能够充分科学地引导思想政治教育工作的开展。思想政治理论课作为对学生进行思想政治教育的主阵地，是铸魂育人的关键课程。要从根本上落实立德树人任务，就要推进"三进"工作，"坚持不懈传播马克思主义科学理论，抓好马克思主义理论教育，为学生一生成长奠定科学的思想基础"②。

3. "三进"工作是推进思想政治理论课教学改革的必然抉择

长期以来，习近平总书记十分注重思想政治理论课教学改革，指明了增强思想性、理论性和亲和力、针对性的改革方向。要贯彻落实习近平总书记对思想政治理论课的重要指示精神，则必须深入推进"三进"工作。"进教材""进课堂""进头脑"三者并不是割裂的，而是互为依托的，"进教材是基础，进课堂是核心，进头脑是目的"③。"进教材"首先要把课程教材编好。习近平新时代中国特色社会主义思想作为马克思主义中国化的最新成果，为思政课程教材的编写提供了最新的内容、最新鲜的血液，提高了理论站位，为课程教材编写提供了基本遵循。把课程教材编写好也是为了能够把课讲好，更好地实现习近平新时代中国特色社会主义思想"进课堂"。新时代的课堂需要富含时代特色，需要将最新的、最前沿的理论融入课堂，提升课堂教学效果。要实现在"进课堂"的过程中把课讲好，首先就需要把教师队伍建设好。任课教师必须深刻认识到，自己是学生人生道路上的重要引领者，要切实提高自身的教学能力和理论水平，必须深刻理解习近平新时代中国特色社会主义思想的重要内容、核心观念、价值原则。在"编好、建设好、讲好"的基础上，办好高校思想政治理论课，推进习近平新时代中国特色社会主义思想"进头脑"，进而引导学生树立对马克思主义的信仰、对中国特色社会主义的信念、对中华民族伟大复兴中国梦的信心，在知行合一、学以致用上下功夫，增长知识、锤炼品格、提高本领。

---

① 习近平：《决胜全面建成小康社会 夺取新时代中国特色社会主义伟大胜利——在中国共产党第十九次全国代表大会上的报告》，人民出版社，2017，第41页。
② 《习近平谈治国理政》第2卷，外文出版社，2017，第377页。
③ 陈宝生：《扎实推进党的理论创新成果进头脑》，《光明日报》2018年7月24日。

### （二）现实困境

#### 1. 学校主阵地建设有待强化

党和国家高度重视思想政治教育，在中央的重要文件中对于思政工作及其经费保障都有专门规定，如在教育部等八部门印发的《关于加快构建高校思想政治工作体系的意见》中，就提到各高校应按照在校生总数每生每年不低于30元的标准设立网络思政工作专项经费。但在实际工作中，具体经费落实情况有待改善，不少学校未能达到相关文件要求。同时还存在大班教学中师生互动效果不佳、思政课师生比例不达标等问题。这带来了授课效果不好、教师教学负担过重、教学质量难以提升等一系列现实问题。此外，能够提升课程质量的集体备课开展频次可观，但教师的普遍重视程度不够，多流于形式，缺乏有针对性、有计划的实质内容集体研讨，导致难以形成有效的共商共建共享的优质教学资源；思政课教师受培训和提升的机会也不均衡，如工作年限越长、学历层次越高的教师，参加相关研讨培训活动的机会越多、频率越高，久而久之，不同学历层次教师和不同类型学校教师间差距不断拉大，进而影响"三进"工作整体成效。

#### 2. 学生理论学习的主动性有待提高

习近平新时代中国特色社会主义思想博大精深，涉及教育、经济、政治、文化、社会、军事、外交等方方面面，对于这一理论体系，大多数学生理解既不够全面、深入也不够系统，呈现出碎片化、模糊性特征。此外，学生学习的自觉性、主动性有待提高，学生往往只是为了完成课程任务、达到考试要求而被动学习，或者是出于未来进入社会和参加工作的需要而开展学习，这些因素不利于学生将习近平新时代中国特色社会主义思想"内化于心、外化于行"，不利于将思想认同转化为实际行动。这需要广大思政工作者将理论与实际相结合，让学生感受到理论的"地气"，在现实生活和成才实践中感受习近平新时代中国特色社会主义思想的重要指导作用。当然，也要避免庸俗化、泛娱乐化、口号化，应结合具体案例，努力让学生有切实体会、切实感受、切实理解，生动阐发习近平新时代中国特色社会主义思想中承载的永久奋斗精神、使命担当精神、"我将无我"精神等宝贵品质，引导学生感受到强大的理论说服力、情感吸引力和道德感召力，从而在此基础上促进习近平新时代中国特色社会主义思想真正地入耳入脑入心入行。

### 3. 课堂教学生动性和感染力有待增强

当今社会，信息化水平高、网络发达，教师采用的教学方法日益丰富和多样，但是传统讨论式教学和案例教学仍是教师授课的主流方式，而学生更喜爱且会显著提升其学习兴趣的情境教学、慕课教学等方式在实际教学中使用仍有限，同时对于信息化教学平台的使用也不够，故而贴合学生兴趣爱好的网络信息化教学优势没有得到充分彰显。同时，对实践教学等方式的重视度和实施度还不够。不少学校校外实践基地建设严重不足，甚至存在学校至今尚未建设相关实践基地的情况。实践基地建设相对充足的学校也存在表象化现象，多数仅限于挂牌，并没有按照合作共建、双向受益、互利共赢原则开展教学活动。不少学校虽已开展形式多样的实践教学，但学生评价较高的实践基地讲学、文艺展演、社会实践调查等类型的实践课程占比较小，真正让学生现场体验的教学活动还很少。因此，教师要充分考虑课堂的生动性和感染力，要用好课堂教学主渠道，认认真真讲好每一堂课，讲好马克思主义大众化的"中国话"，让基本原理变成生动道理。在教学过程中，教师还要根据各自学科的特点和优势，将这些道理讲深讲透，释疑解惑，做到融会贯通，指导实践。教师要改进教学方法，增强教学的艺术性，让习近平新时代中国特色社会主义思想鲜活生动地"进课堂"。

### 4. 环境创设与载体运用有待优化

不同类别及办学层次的学校在"三进"校园环境创设方面存在差异，不同层次学校的侧重点也不同。以高校为例，在新闻媒体宣传方面，省属本科学校优于其他类型学校，省属专科、民办专科学校表现相对较差，民办高校及专科学校的新闻媒体宣传利用效率相对较低；在推进"三进"工作的校园文化建设上，部属高校、一流大学一流学科建设等高校，更多采取组织专家报告、研讨会和演讲比赛等形式，而学生喜爱的文艺会演等活动容易被忽视，省属专科和民办专科学校却与此相反。此外，新媒体新场域在为传播正确主流价值观提供便利的同时，也使不同社会思潮之间的交锋、交流、交融日渐复杂。一些错误社会思潮在一定程度上冲击主流意识形态的主导地位，影响青年学生价值判断与行为选择，对学生造成了不良影响。

## （三）优化设计

**1. 以系统性思维构建多元主体合作供给、协同运行的机制**

凝聚协同运作的"三进"工作育人合力，推进多元主体上下联动的运行机制建设，重点完善党中央、省市教育行政机关、学校党政部门、马克思主义学院和教师等主体的整体供给体制。[①] 一是要形成上下联动纵向协同的领导机制。党中央加强顶层设计，在总目标、总任务等方面进行统筹安排和指导，并在制度上保障"三进"教辅材料的供给。省市教育行政机关组织教学研讨、集体备课等多层级"三进"教学培训，为贯彻落实党中央精神提供切实可行的指导。二是强化齐抓共管的组织激励机制。由学校党委统一领导，校领导负责，校级各职能部门协同配合，马克思主义学院落实落地，形成高效实施的组织机制。将"三进"工作列入学校总体规划，整合学校各方资源和力量，制定学校"三进"总体工作方案，召开领导小组会议布置安排"三进"相关工作，跟进工作动态，形成评价激励机制，尤其注重保障专项科研课题、专项教改方案、专项经费支持等正向支持激励措施的落实。三是形成不断优化的队伍供给机制。要提质增量，加强"三进"教师队伍培养选聘工作，马克思主义学院积极培养后备人才，学校整合校内外思想政治教育骨干力量，配齐一支政治过硬、业务精干、专兼结合的"三进"工作队伍。

**2. 以精准性思维增强学生知行合一、入脑入心的实效**

青少年正处在世界观、人生观、价值观塑造的关键时期，要充分尊重和把握青少年成长规律，精准施教，夯实青少年学生思想之基。要充分考虑学生群体的年龄、地区、专业等各方面差异，了解掌握学生成长成才过程中的心理需求、情感需求、知识需求，充分把握青少年群体认知规律，综合各方面因素，推出符合不同地区、不同层级学校、不同专业、不同年龄学生特点的"三进"工作方案。[②] 根据学生发展需求，因时、因势、因人及时更新教学内容、形式和方法，解答学生成长过程中关心的重难点、疑

---

① 参见张毅翔《系统推进习近平新时代中国特色社会主义思想"三进"工作的整体性视角》，《思想理论教育导刊》2019 年第 3 期。

② 参见曹淑敏《习近平新时代中国特色社会主义思想"三进"的原则、内容与方案》，《中国高等教育》2020 年第 5 期。

虑点，调动学生学习的积极性。同时，在理论教学中融入实践内容，打造学生喜闻乐见的"行走课堂"。建设社会实践基地，广泛开展社会实践、志愿服务等学生参与度高的实践活动。重点加强"三进"教师对实践活动的设计、安排和组织，引领学生在实践中巩固和提升政治认同、思想认同、理论认同和情感认同。[①]

### 3. 以创新性思维拓展三维课堂同向同行、铸魂育人的渠道

守正创新，搭建以理论、实践、网络为核心的三维课堂，在内容、方法和载体上深化"三进"工作的理论厚度，提升"三进"工作的思想高度，增强"三进"工作的吸引力。一是夯实内容根基，保障三维课堂同向发力。教师要牢牢把握"六要"和"八个相统一"的目标要求，通过理论联系实际、历史贯穿现实、中国链接世界等视角，在深度上将教材体系讲清讲透，在广度上将教学话语体系活学活用，在高度上将理论体系根植现实，不断提升"三进"工作的实效性。[②] 根据不同年龄段学生的发展需求，设计一体化、层层递进、相互衔接的教学内容体系，避免交叉重复或毫无关联的内容讲授。二是创新教学方式方法，重视实践，确保思政小课堂和社会大课堂同向同行、双向发力。创新传统教学模式，紧跟时代潮流，将慕课等一系列线上教学新方式运用到线下传统课堂，做到线上线下相结合，激发学生学习兴趣。加强实践课堂的建设，链接校园内外、课堂内外的育人资源，引导学生走出课堂、走进社会，开展社会实践、实地走访、艺术展览、志愿服务等活动，在行走丈量中提升学生政治认同、思想认同、理论认同、情感认同。三是创新教学载体，立足网络课堂激发学生共振共情。网络课堂已经成为青少年获取知识和资讯的主阵地，应积极拓展贴合网络"原住民"的学习新渠道，运用腾讯会议、ZOOM 等新渠道新技术，研发线上课程，打造网络示范讲堂。

### 4. 以全局性思维打造全社会同频共振、氛围浓厚的场域

凝聚家庭、学校、社会多重力量，形成全社会同频共振的"三进"育人合力，营造浓厚育人氛围。首先，家庭环境和家庭教育是"三进"工作

---

① 参见孟宪平、魏嘉琪《习近平新时代中国特色社会主义思想"三进"的路径分析》，《广西社会科学》2019 年第 8 期。

② 参见许伟、王吉平《推进习近平新时代中国特色社会主义思想"三进"研究》，《学校党建与思想教育》2019 年第 20 期。

的基石。学生家长和好友对学生有直接的影响，必须向学生传递正确的世界观、人生观、价值观，在言传身教中潜移默化地影响学生，在日常生活中增强"四个意识"、坚定"四个自信"、做到"两个维护"。其次，校园是推进"三进"工作的主阵地。挖掘专业课程思政元素，形成思政工作队伍和专业教师队伍全员育人合力，将"三进"工作全面融入学校显性、隐性教育全空间。全方位在"校—院—班"等各层次开展"三进"工作，利用校园内校史馆、图书馆等线下场域开展育人活动，运用校园网、微信公众号、微博等线上新媒体平台加强习近平新时代中国特色社会主义思想宣传。在教学、科研、管理、服务、实践等育人全过程中，提升学生对习近平新时代中国特色社会主义思想的学习、认知及认同。最后，社会环境、网络舆论是"三进"工作的核心。大力改善民生，营造积极向上的社会风气。发挥宣传部门和新闻媒体的主体责任，抢占宣传阵地，净化网络空间，抵制不良风气，切实推动习近平新时代中国特色社会主义思想入脑入心。

## 二 研究动态

### （一）成果梳理

1. 关于"三进"工作内涵的研究

围绕"三进"工作的内涵，国内学者分别基于"马克思主义基本原理""毛泽东思想和中国特色社会主义理论体系概论""思想道德修养与法律基础"等课程的不同特点进行了深入研究。有学者指出，"进教材"是整个"三进"工作的起点，是"进课堂""进头脑"的前提和基础；"进课堂"是"三进"工作的核心环节、中间环节，起着承上启下的作用，它不仅是"进教材"的进一步延伸和落实，还是"进头脑"的必要条件，对实现"进头脑"这个目标具有关键性的作用；"进头脑"是"三进"工作的最终环节，也是最难的环节。也有学者认为要从整体性的原则出发，辩证统一地把握推进"三进"工作的要点，突出习近平新时代中国特色社会主义思想的整体性。

2. 关于"三进"工作必要性的研究

推进"三进"工作是新时代的必然要求。国内学者对其必要性的研究主要集中在以下几个方面：一是推进"三进"工作，有助于巩固学校这一意识形态重要阵地，是社会主义办学方向的根本保证；二是推进"三进"工作，是青年学生成长成才的迫切需要，是学校培养担当民族复兴大任的时代新人的要求；三是推进"三进"工作，是加强和改进学生思想政治教育工作的必然要求，是创新思想政治理论课教学的迫切需要。

3. 关于"三进"工作难点的研究

从邓小平理论的思想政治教育到"三个代表"重要思想的思想政治教育，再到科学发展观的思想政治教育，思想政治理论课教学积累了许多过去思想政治教育的成功经验，我们要牢牢把握过去思想政治教育工作的有效做法。但是，也应该看到"三进"工作还普遍存在思想认识僵化停滞、认识不到位甚至缺位的状况。有学者认为，目前"三进"工作缺乏创造性，对"新时代""新思想""新矛盾""新征程"等诸多党的最新理论成果的创新点没有全面深刻地理解和把握，思想认识并未深化和升华到应有的高度，仅仅以"补充""修补""添加"等方式来对待"三进"工作，缺乏整体设计与合理安排。也有学者认为，建立"三进"工作长效机制，需要克服教育内容复杂冗长、教育方式落后守旧、政工队伍不够强大等问题。除此之外，推进"三进"工作，还受到学生自身素养的影响以及信息化、网络化、数字化的影响和冲击。

4. 关于"三进"工作实施路径的研究

当前，我国学术界关于"三进"工作实施路径方面的研究主要集中在以下几个方面：一是推进习近平新时代中国特色社会主义思想"系统进教材""生动进课堂""扎实进头脑"；二是要科学构建"三进"工作的保障机制，如完善"三进"工作的组织保障、夯实"三进"工作的平台基础、加强师资队伍建设以及强化"三进"工作的激励与问责机制等；三是切实发挥教师主导作用，切实提高教学效果，调动学生学习的主动性、积极性；四是诸多学者分别针对"进教材""进课堂""进头脑"等工作环节提出许多建议。

总的来看，改革开放以来，我国思想政治理论课建设取得了巨大成就，形成了中国特色的育人经验，但在新时代背景下也面临不少挑战和问题。就今天而言，全面推进"三进"工作是一项长期的战略任务，思想政治理论课教师必须主动承担责任，为培养德智体美劳全面发展的社会主义建设者和接班人作出应有的贡献；我们应深刻认识推进"三进"工作的重大意义，充分发挥思想政治理论课在学生思想政治教育中的主要作用，采取切实有效的措施，将"三进"工作落到实处，牢牢把握学校意识形态工作的领导权、管理权、话语权。

### （二）学术和应用价值

学界研究成果已较为丰富，为顺利推进本书的研究打下了坚实基础。就目前来看，学界研究成果主要集中于阐释"三进"工作的内涵及重要意义，但在学校思想政治理论课如何同"三进"工作紧密结合方面的研究成果偏少。本书的学术价值和应用价值主要体现在以下六个方面。

一是在理论基础方面，从党和国家意识形态建设与学生成长需要出发，总结我国学校思想政治理论课建设的实践经验，进一步深化对学校思想政治理论课课程的目标定位研究，夯实"三进"工作的理论基础。

二是在课程体系方面，总结我国学校思想政治理论课课程体系建设在提升学生思想水平、政治觉悟、道德品质、文化素养方面的实践经验，强化和推进"习近平新时代中国特色社会主义思想概论"课程设置和教材体系建设。

三是在教学评价方面，总结学校思想政治理论课教学评价的实践经验，构建一套全面推进"三进"工作的科学合理的教学评价体系。

四是在武装头脑方面，厘清习近平新时代中国特色社会主义思想"进头脑"的内容范畴、精神实质、内在机理，积极探索新方法、新渠道、新思路，找准关键环节，构建一套科学合理的"进头脑"评价体系。

五是在队伍建设方面，总结经验、寻找问题、差距和原因，以马克思主义理论学科为支撑，建设一支符合"三进"工作要求的教学科研相互促进、师德师风高尚、合作能力强的优秀队伍。

六是在支撑体系方面，总结我国学校思想政治理论课在学科建设、机构建设、经费项目、资源库建设等方面的实践经验，寻找目前存在的问题、差距和原因，并在此基础上不断深化研究，构建一套全面推进"三进"工作的支撑体系。

### 三　研究框架

### （一）研究对象

本书的研究主题是全面推进"三进"工作的创新设计与实施路径研究。

本书重点研究的问题有六个。一是"三进"工作的理论基础；二是习近平新时代中国特色社会主义思想"进教材"的课程教材建设现状、经验以及完善的空间；三是习近平新时代中国特色社会主义思想"进课堂"的课程教学建设的现状、水平以及改进的空间；四是习近平新时代中国特色社会主义思想"进头脑"的内容范畴、精神实质、内在机理以及关键环节；五是"三进"工作的教师队伍、课程设置、教学方法、教学形式、教材内容、教学反馈的创新设计及实施路径；六是习近平新时代中国特色社会主义思想"进头脑"的评价体系建设的现状、经验以及优化的空间。

### （二）总体框架

#### 1."三进"工作的理论基础研究

从党和国家意识形态建设需要以及青年学生成长成才需要两个角度出发，在"遵循思想政治工作规律、遵循教书育人规律、遵循学生成长规律"的实践探索中，深化对我国学校思想政治理论课建设的理论基础研究，即它不仅要以教育学、心理学等为理论基础，还要以党和国家意识形态建设规律为学理依据。在此基础上，进一步澄清该类课程的课程性质和目标定位，深化人们对这类课程建设规律的认识。具体研究的问题有三。一是我国学校思想政治理论课建设的历史进程及基本经验；二是西方发达国家德育课程及意识形态教育的经验与启示；三是深入推进"三进"工作的学理基础、目标定位、任务要求，以及在"进教材""进课堂""进头脑"方面的创新设计和实施路径。

#### 2. 习近平新时代中国特色社会主义思想"进教材"研究

从培养一流人才所应具备的"正确的政治方向"和"为学生一生成长奠定科学的思想基础"的要求出发，总结改革开放以来我国思想政治理论课课程体系建设在提升学生思想水平、政治觉悟、道德品质、文化素养方面的实践经验，深化对思想政治理论课课程体系设置和教材体系研究。具体研究的问题有三。一是改革开放以来我国思想政治理论课课程体系设置的历史演变及基本经验；二是改革开放以来我国思想政治理论课教材体系建设的历史演变及基本经验；三是当前我国思想政治理论课课程体系和教材体系的状况、问题及其改进和优化。

3. 习近平新时代中国特色社会主义思想"进课堂"研究

从培养一流人才所应具备的正确思想观念和实践能力两个角度出发，总结我国学校思想政治教育的课堂教学建设经验及存在的问题，深化对习近平新时代中国特色社会主义思想"进课堂"的课程教学建设研究。具体研究的问题有三。一是改革开放以来我国思想政治教育的课堂教学建设的基本经验；二是我国思想政治教育的课堂教学建设的现状及存在的问题；三是全面推动习近平新时代中国特色社会主义思想在思想政治教育教学中的深入贯彻和发展，实现课堂教学中理论与实践相结合的体系化发展，实现教师教学形式与时俱进的多样化发展，整体推进、全面提升课堂教学的质量和水平。

4. 习近平新时代中国特色社会主义思想"进头脑"研究

从树立青年学生正确的世界观、人生观、价值观的角度出发，深耕习近平新时代中国特色社会主义思想"进头脑"的学理依据，需要立足新的时代方位分析"进头脑"现状，找准制约"进头脑"的关键问题与因素，探索"进头脑"的有效路径和关键环节。具体研究的问题有四。一是习近平新时代中国特色社会主义思想"进头脑"的内容范畴；二是习近平新时代中国特色社会主义思想"进头脑"的精神实质；三是厘清习近平新时代中国特色社会主义思想"进头脑"工作的逻辑基础，深刻理解"进头脑"的内在机理；四是总结提炼习近平新时代中国特色社会主义思想"进头脑"的关键环节。

5. "三进"工作教师队伍建设研究

以新时代我国学校思想政治理论课教师的能力和素质要求为出发点，结合改革开放以来我国学校思想政治理论课教师队伍建设的实践经验，准确把握教师队伍的现状、问题及原因，研究建设一支能在"三进"工作中发挥重要作用的学校思想政治理论课教师队伍。具体研究的问题有三。一是改革开放以来我国学校思想政治理论课教师队伍建设的发展演变；二是当前我国学校思想政治理论课教师队伍建设的状况、问题及原因分析；三是围绕"三进"工作总目标，深化对学校思想政治理论课教师队伍建设的体制机制研究，特别是加强对教师队伍的与时俱进的再学习、再培训制度的研究。

6."三进"工作的评价机制研究

从青年学生对课程内容的评价以及学习效果反馈两个角度出发，在"三进"工作已取得的成效基础上，构建思想政治教育中习近平新时代中国特色社会主义思想"进头脑"的"双轨"评价体系，及时适当地满足青年学生的发展需求和期待，让"三进"工作的重要目标"进头脑"落到实处。具体研究的问题有三。一是我国学校思想政治理论课教学评价体系建设的基本经验；二是当前学校思想政治理论课教学评价体系建设的状况、问题及原因分析；三是构建一套既能客观评价在思想政治教育中"三进"工作成效的可操作、可量化、可检验的客观评价体系，又能及时反馈学生学习接纳效果的弹性化、个性化的主观反馈体系，实现学生客观评价与主观反馈体系"双轨"并行，实现大中小学校思政课教学的不同导向。

## 四　思路方法

### （一）研究思路

通过文本研究，梳理改革开放以来学校思想政治理论课课程建设的相关文献资料及习近平新时代中国特色社会主义思想的相关理论，挖掘和归纳学校思想政治理论课建设相关情况和观点，对"三进"工作的理论基础展开深入研究，明晰其哲学基础、主要内容、内在逻辑等，明确其在思想政治教育中的目标定位，并从课程体系、教学方法、教学评价、教师队伍、支撑体系等方面，系统研究"三进"工作的实施路径，并展开对西方发达国家德育理论与实践的比较研究，创新思政课的设计建设，以期推动思想政治理论课"在改进中加强"，推进"三进"工作，实现培养一流人才所应具备的"正确的政治方向"和"为学生一生成长奠定科学的思想基础"的目标。具体研究思路如图 0-1 所示。

### （二）研究方法

本书综合运用文献研究法、归纳与演绎相结合法、系统分析法、比较分析法、访谈法、调查研究法等开展研究，力求全面探讨"三进"工作的创新设计与实施路径。第一，采用文献研究法系统梳理"三进"工作相关文件，厘清我国学校思想政治理论课课程设置及课程体系发展变化的历史

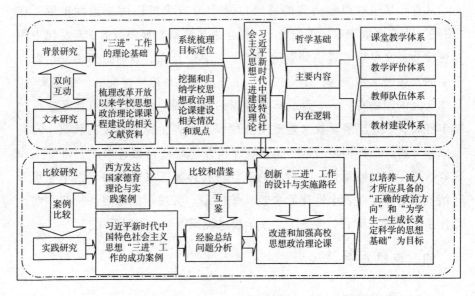

**图 0-1 研究思路**

进程。第二，综合运用归纳与演绎相结合法、系统分析法、比较分析法等，深入研究"三进"工作的理论基础、课程性质、目标定位以及基本经验等。第三，结合访谈法和调查研究法，系统研究"三进"工作的课程体系、教学方法、教学评价、教师队伍、支撑体系等现状及进一步加强和改进的空间。

## 五　重难点

第一，习近平新时代中国特色社会主义思想的梳理总述以及与思想政治教育相结合的理论研究（研究重点）。厘清理论内容是习近平新时代中国特色社会主义思想"进教材"的基础，关系到其在思想政治教育中的理论性质、目标、定位。

第二，习近平新时代中国特色社会主义思想"进课堂"的课程教学建设的现状、水平以及改进的空间（研究难点）。课堂是思想政治教育的主渠道和主阵地，因而课堂的课程教学建设是习近平新时代中国特色社会主义思想"进课堂"的重点内容。客观评估当前习近平新时代中国特色社会主义思想课堂教学中存在的问题并及时改进，发掘课堂教学的多样形式，完善课堂教学的体系。

第三，习近平新时代中国特色社会主义思想"进头脑"的评价体系建设研究（研究难点）。评价体系在思想政治理论课建设中具有直接导向性作用，但由于价值观和意识形态方面问题的复杂性，很难量化，因而习近平新时代中国特色社会主义思想在学生的思想政治教育中效果的评价体系以及"进头脑"的反馈体系建设难度较大。

第四，"三进"工作的教师队伍、课堂教学、教材内容、教学评价的创新设计及实施路径研究（研究难点）。本书研究的最主要的目标就是，弄清楚如何全面推进"三进"工作，如何创新"三进"工作的设计以及实施路径。

# 第一章　习近平新时代中国特色社会主义思想"三进"工作的理论基础

## 第一节　理论渊源：马克思主义经典作家的理论教育思想

### 一　马克思科学创立了马克思主义理论教育思想

从理论教育的主体与客体来看马克思主义理论教育思想。理论教育主体是一个由多种要素和系统结构有机结合而成的复杂整体，概括起来，个体与社会是理论教育的两个主体。无产阶级政党是理论教育的社会主体，为了保证无产阶级政党进行理论教育的有效性与纯洁性，必须加强无产阶级政党自身理论教育。理论教育主体既是认识主体也是教育客体，也要接受先进理论的教育。也就是说，教育者只有先受教育，才能成为掌握先进思想理论的好教师，将理论教育扎根于受教育的群体之中，落实到受教育者之中。实现无产阶级历史使命，需要大批的优秀理论家和革命家。理论家对传播马克思主义的影响是深远的。将马克思主义理论宣传工作做到实处，需要大批无产阶级的理论家和革命家。马克思也十分注重教育和武装无产阶级，帮助许多共产党人成功地进行了主观世界改造，培养和教育了第一代马克思主义者和无产阶级革命家，在无产阶级队伍中发挥了极为重要的作用。无产阶级、农民阶级和青年是理论教育的主要客体。尤其是青年，青年是无产阶级阵营中的特殊群体，马克思对此有过许多专门的论述，马克思反复强调教育对青年一代的重要性，提出给正在成长的工人一代以教育是发展无产阶级革命事业的需要。总的来说，理论教育主体与客体是符合辩证法的，主客体之间没有明确的界限，可以相互影响和转化。

从科学理论教育的根本目的与作用角度来看马克思主义理论教育思想。

马克思在将科学理论教育与无产阶级社会革命实践紧密结合的过程中，论述了科学理论教育的根本目的及主要作用，回答了为什么要对无产阶级主要分子进行科学理论教育，从而初步形成了其关于科学理论教育的基本论。马克思主要立足于资本主义社会的基本结构来考察无产阶级及其政党的历史使命，在此基础上，马克思详细阐述了对无产阶级主要分子进行科学理论教育的根本目的及作用。第一，是为了充分激发无产阶级的社会阶级意识。无产阶级虽然是生活在资本主义社会最底层的群体，但是他们具有资产阶级所不可能具有的各种优秀品质和独特性，这也就决定了无产阶级必然会成为资本主义的最终掘墓人和新社会制度的最终创造者。但这个阶级的优秀品质并不能够自发地产生作用，必须有人去激发出这种优秀品质，让无产阶级认识到自身的优越性并愿意为共产主义理想信念去进行革命，这不得不依靠无产阶级领袖通过理论教育来完成这一任务。马克思认为激发无产阶级意识是理论教育的首要目标，在最初赋予无产阶级变革社会的历史使命时，他就意识到了理论教育的重要性。马克思将理论教育视为摆脱资产阶级意识形态蒙蔽性的教育方式，一方面是因为统治阶级的教育蒙蔽了资产阶级意识形态的虚假性，另一方面是因为旧的文化对人们的影响。理论教育还可以启发学生，对其进行无产阶级思想意识的培养。第二，是为了树立马克思主义信仰。只有长期的实践才能推动马克思主义信仰的真正树立，树立真正的马克思主义信仰是一个长期而艰巨的历史任务。理论教育的最终目标就是使人们树立坚定的马克思主义信仰，这既是理论教育的核心和归宿，也是关键的最终环节。第三，是为了引领人们最终成为自由而全面发展的人。马克思整个理论的核心就是为了追求人最终的自由与全面发展。只有科学的信仰教育才能使人拥有成为这种人应当具备的思想条件，让人们围绕这种信仰展开行动。

做好理论教育还需要把握一定的方法和原则。一是事物的本质必须经由理论反映出来，正如马克思所认为的那样，科学之所以存在，就是为了揭示事物的本质和事物的表象之间的不一致性。二是理论要阐述时代。精神力量能否转化为物质力量要看理论能否准确揭示现实。理论只有真正反映事物的客观规律，才能转化为巨大的物质力量，达到实践预期的目的。三是理论要牢牢掌握群众。这是群众史观的要求，理论与群众的双向互动和双重需要是理论教育的动力和源泉，作为理论教育的重要原则为其提供了崭新的思维路径。这些科学理论只有为社会广大群众所广泛认识并掌握，才能转化为改造世界的物质力量。只有进行理论教育才能掌握群众。群众可以参与许多生活实践，却不能自动理解理论，只有广泛开展理论学习教育活动，向社会广大群众广泛灌输马克思主义基本思想理论知识，才能有效地帮助社会广大群众逐步地、由少到多地深入学习、认识、掌握马克思主义，包括当代的马克思主义。四是理论联系实践。全部用于人类经济社会中的经济学和生活方式本质上都应该是基于理论实践的，实践本身就具有直接性的品格。五是教育与自我教育相结合。理论教育并非一个教育者单纯影响被教育者的片面的过程，而是两者经常发生相互作用的过程。教育与自我教育是分不开的，教育者在这一过程中也需要进行自我教育。马克思在对无产阶级进行理论教育的过程中，十分强调教育与自我教育相结合这一理论教育原则和方法，并从两个层面进行阐述，一是坚持对无产阶级的教育灌输，二是支持无产阶级在革命实践中进行自我教育。

马克思一方面从事着孜孜不倦的理论研究，另一方面又不断地进行着现实的工人运动的支持工作，同时同所有不合实际的思潮作坚决的斗争。他吸收人类一切优秀文化遗产发展自己的学说，在其理论的科学引领下，社会主义从空想走向科学。另外，无产阶级斗争现实情况的不断变化呼唤理论的不断丰富与完善，马克思坚持不懈地让理论与时代的发展相同步。第一个鲜明特征是他始终坚持将创作的理论与实际的工人运动紧密结合。第二个鲜明的特征是将理论教育与指导实践紧密结合。一是紧紧扣住现实问题。马克思擅长把握实践的社会问题，他始终面向现实，注重对现实生活的实际观察与批判。马克思既能够对前人的思想加以批判利用，又能够立足于最切实的当下实际，对无产阶级和劳动群众的时代课题进行回答，用理论的真理性支持群众的革命实践。二是在理论教育过程中强调实践性。马克思的全部理论研究与理论教育工作，都是同无产阶级革命事业这一伟大实践紧密联系在一起的。在马克思一生的斗争事业中，他一贯主张哲学不是书斋里的学问，反对脱离现实的理论，反对抽象的哲学思辨。第三个鲜明的特征是追求科学性与价值性的结合。理论的科学性与方法的科学性共同构成了严密的科学性。马克思站在无产阶级的立场上体现了理论的价值性。理论教育的鲜明指向是无产阶级的解放和人的自由全面发展。坚持统筹科学性与价值性，理论教育就是对马克思主义的具体的运用，是在具体实践基础上的认识与实践活动，因此，科学性与价值性的内在统一就是马克思主义理论教育的又一特色。第四个鲜明特征是以批判为主的理论教育形式。首先是在批判中创建理论，这一点主要表现在对魏特林空想共产主义的批判、对"真正的社会主义"的批判、反对蒲鲁东主义的斗争等几个重要问题上。其次是在论战中丰富和发展理论，这一点突出地表现在反对"苏黎世三人团"的斗争、对拉萨尔主义的批判、对巴枯宁主义的批判等几个重要问题上。理论教育就是一个正确的思想与错误的思潮相互斗争的过程，马克思主义就是在共产主义内部激烈斗争中产生与发展的。

## 二　恩格斯丰富和发展了马克思主义理论教育思想

无产阶级独立建党是阶级解放的第一个重大步骤。无产阶级政党的建立在推动工人运动高潮中发挥着至关重要的作用，因为无产阶级政党在革命斗争实践中发挥了理论教育主体的教育功能、导向功能、示范功能和组织功能。首先，无产阶级政党必须有正确的理论和纲领作指导。其次，无产阶级内部只有积极进行斗争才能维护党的团结统一。无产阶级政党所处的社会历史方位和斗争环境极其复杂，在它的长期发展过程中必然受到各种非马克思主义思想、理论的影响和侵蚀，无产阶级政党要时刻保持清醒的头脑，坚持原则，同这些错误的思想和理论进行毫不妥协的斗争，捍卫马克思主义的纯洁性，不断地巩固和加强马克思主义的指导地位。最后，无产阶级政党必须高度重视战略和策略问题。无产阶级政党不仅要遵循正确的思想、政治和组织路线，而且必须制定相应的战略和策略，战略和策略是无产阶级政党的生命。恩格斯对理论教育主体的个体素养要求很高，他曾经这样说："党的政论家还需要具有更多的智慧、更明确的思想、更好的风格和更丰富的知识。"[1] 理论教育工作者首先应当具有对党负责与对人民负责的高度责任心和责任感，以及对理论教育事业怀有最真挚的感情；理论教育工作者要勇于坚持真理，善于同敌论战；理论教育工作者要做真理的宣传者和捍卫者，要有坚持真理的勇气；理论教育工作者要掌握调查研究、观察和分析实际问题的能力，以及准确表达思想的能力；理论教育工作者要不断地深入那些最敏感的地方，及时了解和把握社会政治局势。

---

[1] 《马克思恩格斯文集》第 1 卷，人民出版社，2009，第 664 页。

在教育客体方面，恩格斯认为无产阶级是理论教育的主要客体，因为无产阶级虽然是真正的革命阶级，但需要一个强有力的政党来领导，这是无产阶级的阶级性和它肩负的伟大历史使命所决定的。恩格斯同时认为，农民是理论教育的重要客体，教育和争取农民的重要方式是实行工农联盟。恩格斯还认为小资产阶级是理论教育需要争取的对象，他已经认识到"要团结一切可以团结的人，这样，我们就可以把敌人缩小到最少"①。恩格斯关于对无产阶级、农民、小资产阶级开展理论教育的分析和认识，为我们推进"三进"工作提供了可借鉴的经验。当前中国开启全面建设社会主义现代化国家新征程，世情、国情、党情都发生了新变化，要充分运用科学理论，重视实际问题，开创理论教育新观点。

从教育的根本原则和基本方法上看待恩格斯的理论教育思想也是十分重要的。恩格斯始终坚持理论与实际相结合的原则，他就是理论联系实际的光辉典范。在恩格斯的视域里，无产阶级及其政党关于理论联系实际的理论教育原则是他一生极为关注的问题。马克思主义还在形成过程中的时候，恩格斯就提出了理论和实际相结合的根本原则。马克思主义同其他任何科学理论一样，都是基于社会实践基础的科学认知，不是抽象的逻辑演绎，不是脱离了实际的主观主义。恩格斯一生都在践行理论与实际相结合的原则。在理论教育的基本方法上，恩格斯一直注重对马克思主义理论的研究与宣传，以及对各种错误思潮的批判。正面的理论教育绝不能忽视对各种错误思潮的批判，在马克思主义理论教育史上，恩格斯同各种唯心主义、机会主义流派和思潮进行了坚决斗争，如对青年黑格尔派唯心史观的批判、在《共产党宣言》中对各种"社会主义"学说的批判、在第一国际时期对各种错误思潮的批判、晚年对各种错误思潮的批判等，不管是对各种错误思潮的批判还是对党内错误的批评，都体现了恩格斯把批评教育作为开展理论教育的基本方法。同样地，恩格斯这种理论教育的原则和基本方法，对推进"三进"工作也具有重要的启发和借鉴意义，当今社会一些错误思潮沉渣泛起，历史虚无主义、道德虚无主义、精神虚无主义等错误思潮严重侵蚀青年学生的世界观、人生观、价值观，"三进"工作正是对这些错误思潮的有力回应和批判。

---

① 《毛泽东文集》第 7 卷，人民出版社，1999，第 62 页。

从教育载体上看恩格斯理论教育思想。报刊是恩格斯开展理论教育的重要载体，民主报刊、工人报刊以及无产阶级政党报刊是其报刊活动的主要内容，主要目的包括：揭露封建专制的弊端；发动人民革命，启迪和指导教育广大人民群众投身反封建的人民革命斗争，投身反对资产阶级叛卖社会主义运动；对各种社会主义的思潮进行揭露和批判；宣传共产主义运动，指导无产阶级及其政党推进无产阶级革命和国际共产主义运动。恩格斯正是以报刊为理论教育的重要载体来宣传科学共产主义理论，指导各地革命斗争，坚定无产阶级革命信念，唤醒他们的阶级意识，鼓舞他们的革命斗志，以此来推动马克思主义理论教育的。建立和参加革命政党组织既是恩格斯的重要实践活动之一，也是其开展理论教育的重要载体和途径。恩格斯认为，建立无产阶级自己的政党，既是无产阶级在政治上独立和成熟的重要标志，也是开展理论教育的必要环节，因为政党是理论教育的主体。此外，创立国际工人组织也是恩格斯开展理论教育的一个重要阵地。对广大无产阶级群众进行党的理论实践教育，除了可以借助大量的不朽的社会科学著作外，还可以借助恩格斯与马克思的大量书信，这些书信在一定程度上真实反映了唯物史观形成和发展的整个历程，在唯物史观发展史上占有极为重要的地位，也是对无产阶级进行理论教育的重要载体。在信息时代的今天，我们拥有许多理论教育载体，但是最重要的还是教材和课堂，这是主阵地、主战场，恩格斯关于理论教育载体的思想，对推进"三进"工作具有重要的启发意义。

## 三　列宁深化和拓展了马克思主义理论教育思想

列宁理论教育思想的鲜明特征就是科学性与革命性的高度统一。列宁理论教育思想的科学性主要表现在三个方面。一是对马克思主义的科学理解，主要包括，马克思主义是"由一整块钢铸成的"严整的科学体系、是无产阶级的世界观、不是教条而是行动的指南和科学的方法，具体情况具体分析是马克思主义的精髓和灵魂，无产阶级学说是马克思主义的基石。二是对教育一般规律的特殊揭示。首先，列宁关于理论教育与社会之间关系的论述，将理论教育看作教育的特殊方面，正确反映了社会生产与教育之间的决定作用和反作用；其次，列宁关于理论教育与无产阶级政治之间关系的论述，将理论教育看作教育的特殊方面，正确反映了社会政治与教育之间的决定作用和反作用；再次，列宁关于理论教育与无产阶级文化之间关系的论述，将理论教育看作教育的特殊方面，正确反映了教育与社会文化之间的相互影响；最后，列宁关于理论教育与人的发展之间关系的论述，将理论教育看作教育的特殊方面，正确反映了教育与人的发展之间的相互影响。列宁认为理论教育是科学性与革命性的统一，科学性是革命性的前提，革命性是科学性的保证，以实践为基础实现了科学性和革命性的内在统一。列宁理论教育思想的科学性与革命性的内在统一，表现了真理与价值的统一、尊重历史发展客观规律与不懈地争取人类解放的统一。

从"灌输论"看列宁理论教育思想的核心。"灌输论"在列宁理论教育思想中是具有决定性的思想，影响最大，是列宁理论教育思想的核心。列宁提出由工人阶级政党对工人阶级进行理论灌输，实质上也就是强调工人阶级自我教育，强调工人阶级内部由其先进分子对其普通群众进行的自我教育。"灌输论"也是列宁理论教育思想主题的突出体现。首先，"灌输论"解决了"为什么"要对俄国无产阶级和广大群众进行马克思主义理论教育的问题；其次，"灌输论"解决了"怎么样"对俄国无产阶级和广大群众进行马克思主义理论教育的问题。列宁立足社会前进的必然趋势和俄国无产阶级历史使命、俄国无产阶级和革命群众的现实状况、俄国革命和建设事业需要，以及马克思主义理论的强大功能，具体分析了理论教育在俄国革命和建设的不同实际中的目的和作用：激发无产阶级的自我意识、发挥先进战士的作用、保证革命事业的最终胜利、培养共产主义新人。

总的来讲，在一个农民占大多数的国家中，列宁就如何对无产阶级和广大群众进行马克思主义理论教育这一主题进行了深入的思考，具体回答了三个方面的问题，形成了三个互相联系、不可分割的系统，是一个严整而科学的整体：回答了为什么要进行理论教育的问题，形成了理论教育的目的、作用思想，也就是理论教育的价值论；回答了怎样进行理论教育的问题，形成了理论教育的原则、方法思想，也就是理论教育的方法论；回答了谁来进行理论教育、对谁进行理论教育的问题，形成了理论教育的主体客体论。作为列宁理论教育思想的核心，"灌输论"集中而特殊地反映这三个方面思想。这一思想体系不仅在理论上是比较完整的，而且经过列宁自己及后来的理论教育实践证明，它比较好地解决了经济文化落后国家的理论教育问题，在实践上是成功的。因此列宁的理论教育思想，尤其是

"灌输论"对推进"三进"工作有着特别的启发意义。首先，"三进"工作实际上既是理论教育价值论的特殊体现，也是理论教育方法论的特殊体现，对青年学生的教育更是理论教育的主体客体论的特殊体现，它是科学层面和教育学层面的方法的特殊结合。其次，面对西方敌对势力对青年学生长期"西化""分化"、长期的渗透颠覆的战略图谋，离不开科学理论的"灌输"；消除市场经济的负面影响，离不开科学理论的"灌输"；要统一全国人民的思想，全面建设社会主义现代化国家、实现中华民族伟大复兴，离不开科学理论的"灌输"。

## 第二节　实践发展：中国共产党历代领导人的理论教育思想

毛泽东、邓小平、江泽民、胡锦涛等党和国家领导人的理论教育思想，是在坚持马克思主义基本原理与中国具体实际不断结合的过程中，应时代的呼唤而产生和发展的，是在中国的历史发展和社会阶级关系、政治、道德、哲学传统的基础上形成和发展起来的。

### 一　毛泽东开辟了马克思主义理论教育中国化的道路

毛泽东在深刻阐述开展马克思主义科学理论知识教育重要性和作用的基础上，结合我国革命与社会建设的具体理论实践，精辟论述了开展马克思主义科学理论知识教育的重要历史地位。毛泽东主要从以下五个重点方面深入阐述开展马克思主义科学理论知识教育的必要性和重要性。一是从党领导国家革命和社会建设的长远发展的重大战略布局高度，深入阐述马克思主义科学理论知识教育的重要性和意义。为探索一条适合中国国情的革命和建设实践道路，实现把马克思主义的普遍原理与中国的具体实际有机结合，毛泽东要求广大共产党员特别是党的高级干部，一定要从党领导中国革命和建设的长远战略中，认识开展马克思主义科学理论知识教育的重要性，进一步提高开展马克思主义科学理论知识教育的政治自觉性。二是从党的建设、社会主义政治制度的不断巩固和全国人民政治觉悟的不断提高三个角度，深入阐述马克思主义科学理论知识教育的重要性和意义。毛泽东指出："现在需要加强思想政治工作。不论是知识分子，还是青年学生，都应该努力学习。除了学习专业之外，在思想上要有所进步，政治上也要有所进步，这就需要学习马克思主义，学习时事政治。"① 三是从马克思主义的政治品质与实践功能相结合角度来深入论述马克思主义科学理论知识教育的必要性。站在这样的战略高度来认识马克思主义科学理论知识教育的重要意义，就会以高度的自觉性进行马克思主义科学理论知识教育，就会以高度的政治责任感搞好马克思主义科学理论知识教育。四是从主客观相结合角度来开展马克思主义科学理论知识教育。五是从历史和现实的对比分析中阐述马克思主义科学理论知识教育的重要意义。总之，中国共产党只有不断提高自身的理论水平才能克服各种非马克思主义思想的影响，领导中国社会主义革命和建设取得举世瞩目的成就。

从原则和方法上看，毛泽东明确地提出了马克思主义科学理论知识教育的基本原则就是"理论和实际相统一"，这一原则也可以表述为"理论和实际相联系"②、"理论和实践相结合"③ 等。《中国共产党章程》在概括党的思想路线时，把它表述为"理论联系实际"。这些表述从理论与实际（实践）关系的角度讲没有区别，本质上都是一样的。

从教育的主体和客体上看，毛泽东认为教师特别是政治理论课教师是马克思主义、毛泽东思想的宣传员，是马克思主义科学理论知识教育的主体，青年学生是关键客体。毛泽东一贯重视教师队伍的业务建设，认为教改的关键是教员。在理论教学中，教师要做到理论联系实际，做到与学生实际相结合，加强教学的针对性、现实性非常必要。要弄清楚学生的情况，通过调查研究学生对于理论的理解度等，真正了解学生对于哪些问题存在困惑与不解，针对学生掌握不好的地方进行详细讲解。毛泽东指出："在教学方法上，教员要根据学生的情况来讲课。教员不根据学生要求学什么东西，全凭自己教，这个方法是不行的。教员也要跟学生学，不能光教学生。……就是教员先向学生学七分，了解学生的历史、个性和需要，然后再拿三分去教学生。"④

从教育的内容上看，学习马克思主义经典著作，掌握基本原理是使马克思主义在中国具体化的前提。学习马克思主义经典著作，不仅是毛泽东

---

① 《毛泽东文集》第 7 卷，人民出版社，1999，第 226 页。
② 《毛泽东选集》第 3 卷，人民出版社，1991，第 820 页。
③ 《毛泽东选集》第 3 卷，人民出版社，1991，第 1094 页。
④ 《毛泽东文集》第 3 卷，人民出版社，1996，第 116 页。

从中国共产党的现实情况出发作出的正确决策，而且体现了他一贯的学习马克思列宁主义要掌握其精神的思想。毛泽东认为马克思主义哲学是马克思主义全部理论的基础，要使成百万不懂哲学的党内外干部懂得一点马克思主义哲学。他认为学习马克思主义哲学，要以研究思想方法论为主。毛泽东不仅在理论上深刻阐明了世界观和方法论的一致性，而且形成了许多方法，这些方法都是从马克思主义哲学的立场和观点引申出来。

## 二　邓小平坚定了马克思主义理论教育中国化的方向

毛泽东将马克思主义理论教育作为根本的思想政治工作，视作经济工作和其他一切工作的生命线。邓小平在新的历史条件下发扬了这一观点，将这一理论作为中国共产党的"真正优势""看家本领"，赋予了思想政治工作生命线新的内涵。邓小平善于辩证地对待中心任务和其他任务的关系。中国进入改革开放和社会主义现代化建设新时期之后，就作出了把经济建设作为党的中心任务的重大论断。邓小平一再强调马克思主义理论教育应该服从和服务于这个中心任务。他指出："我们一定要把思想政治工作放在非常重要的地位，切实认真做好，不能放松。"① 邓小平还强调，马克思主义理论教育是我们的"真正优势""看家本领"。实践证明，只有党的建设被不断地加强和改善，才能引领人民完成社会主义现代化建设的任务。他把加强思想政治工作作为加强与完善党的建设的最主要任务。

邓小平认为，无产阶级与广大人民群众是理论教育的主体和客体。思想战线范围很广，不仅有"理论界文艺界，还有教育、新闻、出版、广播、电视、群众文化和群众思想政治工作等各个方面"②。1984 年，邓小平指出，"大学、中学的政治课都要认真改进"③。1985 年他又指出，各级党委和政府对教育工作不能放松，要解决好"学校的思想政治工作，怎样改进"④ 的问题。他认为教师质量才是学生能否学好的关键因素。对于理论教育的课题，邓小平也有精辟的论述，在他看来，马克思主义理论教育客体的外延是非常广泛的，凡是一切可能教育争取的对象，都应该成为马克思主义理

---

① 《邓小平文选》第 2 卷，人民出版社，1994，第 342 页。
② 《邓小平文选》第 3 卷，人民出版社，1993，第 47~48 页。
③ 《邓小平思想年谱（一九七五——一九九七）》，中央文献出版社，1998，第 280 页。
④ 《邓小平文选》第 3 卷，人民出版社，1993，第 121 页。

论教育的客体。他认为马克思主义理论教育的关键客体是干部，重点客体是青年。邓小平高度重视青年，始终把青年作为马克思主义理论教育的重点客体看待。这既是培养党的事业合格的继承者、接班人的需要，也是克服革命胜利以后在良好环境中成长起来的青年一代弱点的需要，更是防止和抵制资产阶级自由化思潮对青年的影响的需要。

在马克思主义理论教育的原则和方法上，邓小平主张和坚持灌输、党性、疏导、理论教育与物质利益相结合等马克思主义理论教育的原则。邓小平认为自我与他人的双重灌输是灌输的原则，共产党人"不仅要当群众的学生，还要当群众的先生"①，要"切忌党八股的灌输的方式"②。马克思主义理论教育要坚持党性这一最高原则，宣传教育的内容必须是马克思主义，在坚持共产主义的根本价值取向上，坚决抵制各种错误思潮。邓小平认为坚持疏导原则是贯彻群众路线的重要原则，是缓和矛盾的需要，是尊重人的思维及活动的需要。邓小平主张理论教育与物质利益相结合，"精神文明说到底是从物质文明来的"③。邓小平一贯主张用事实说话，要做到理论与利益相结合，就要以精神鼓励为主、物质鼓励为辅，要适用于理论教育客体与主体。在理论教育方法上，邓小平提倡"有理说透"，还提倡"从容讨论"，只有在从容讨论中才可以相互启发。邓小平还提倡榜样示范，他认为用榜样示范方法进行马克思主义理论教育意义重大。一是党的领导的重要条件就是党员干部成为榜样；二是"搞精神文明，关键是以身作则"④；三是国家与人民的命运和领导集体相维系。

## 三 江泽民与时俱进地推动马克思主义理论教育中国化

毛泽东的理论教育思想产生、形成于世界社会主义运动如火如荼、亚非拉人民民族解放运动方兴未艾的时代背景下。邓小平的理论教育思想产生、形成于美苏两极对抗、冷战和社会主义阵营普遍掀起改革浪潮的时代背景下。江泽民的理论教育思想的产生和发展，也有其独特而深刻的时代背景，那就是 20 世纪 80 年代末开始的国际格局巨大变动，以及当今世界时

---

① 《邓小平文选》第 1 卷，人民出版社，1994，第 72 页。
② 《邓小平文选》第 1 卷，人民出版社，1994，第 48 页。
③ 《邓小平文选》第 3 卷，人民出版社，1993，第 52 页。
④ 《邓小平文选》第 3 卷，人民出版社，1993，第 7 页。

代特征的重大变化。江泽民的理论教育思想既是适应加快改革开放、全面推进中国特色社会主义事业的实践需要而产生、发展并成熟的,也是适应党的建设面临的新形势新任务而产生、发展并成熟的。建立和完善社会主义市场经济体制改革的实践,推进政治体制改革、建设社会主义法治国家的实践,进一步扩大对外开放的实践,社会生活的深刻变化等推动了理论教育思想的新发展。归结起来,江泽民的理论教育思想就是中国共产党人在国际共产主义运动处于低潮的国际背景下,在加快改革开放和发展社会主义市场经济的新阶段,关于马克思主义理论教育价值、对象、内容、目标、地位、实现机制等的相互联系、有机统一的理论观点,是当代中国的马克思主义理论教育学。

从开展理论教育主要涉及的对象的情况来看,江泽民指出,"马克思主义是严密而完整的科学的思想体系,始终是我们党、工人阶级和劳动群众认识世界、改造世界的行动指南"①。在江泽民关于加强和改进马克思主义理论教育的一系列论述中,既有对广大党员和人民群众的普遍要求,也有对各级领导干部和青年学生的重点要求。江泽民认为,在开展马克思主义理论教育的工作实践中,对党员领导干部的要求远高于对广大人民群众的要求。广大青年学生是祖国的未来和民族的希望,加强学生思想政治教育是素质教育的灵魂,必须高度重视对青年学生的马克思主义理论教育。江泽民教导广大青年学生:"青年时期注重思想修养,陶冶情操,努力树立正确的世界观、人生观、价值观,对自己一生的奋斗和成就将会产生长远而巨大的作用。"②

从马克思主义理论教育的主要内涵与目标来看,江泽民阐述的有关马克思主义理论教育的具体内容,大致包括以下两个方面。一是开展马克思主义的基本理论教学。首先,要广泛开展马克思主义基本原理尤其是哲理的教育,因为马克思主义哲学是牢固树立科学人生观和坚持正确的政治信念的重要思想基石。其次,要继续不屈不挠地精心攻读马克思列宁主义、毛泽东思想,并注重掌握邓小平理论。精准掌握马克思主义基本原理,关键是精准掌握邓小平理论,这是由邓小平理论的史学重要地位所决定的。

---

① 《十三大以来重要文献选编》(中),人民出版社,1991,第1143页。
② 《江泽民文选》第2卷,人民出版社,2006,第124页。

最后，高举邓小平理论伟大旗帜，贯彻落实"三个代表"重要思想。二是要认真了解和深刻领悟共产党的重要实践。首先，必须不断注意总结历史实践经验。江泽民指出，执政的共产党必须始终注重总结历史经验，因为"一个政党，一个民族，如果不善于从自己发展的正反两方面经验中学习，就没有希望"①。其次，要坚持不懈地努力做好我国近代史、现代史和实际国情的教育工作。再次，要进一步了解并深刻领悟党的十三届四中全会以来的基础工作经验。最后，必须将了解党的基本路线和基本方针同了解各方面的基本知识结合在一起。江泽民在介绍马克思主义理论教育的主要对象和基本内涵的同时，还向全党同志尤其是各级领导干部系统阐述了马克思主义理论教育的重点。一要使授课对象坚定马克思主义、社会主义理想信念这个思想立足点；二要使授课对象牢固树立社会主义科学的世界观、人生观和价值观；三要使理论教学对象坚定革命社会主义、共产党人的政治理想；四要进一步提高党的领导水平和执政能力。

## 四　胡锦涛实现了马克思主义理论教育中国化的科学发展

世情、国情、党情深刻变化的时代特征及要求是胡锦涛的理论教育思想形成的时代背景。世情的变化表明，中国共产党作为执政党，要能够经受住外部环境的严峻考验，必须坚持用宽广的眼界观察世界，科学把握世界的深刻变化及特点，主动顺应维护和平、促进发展的时代潮流，善于从国际形势和国际条件的发展变化中把握国际形势发展规律和发展方向，用好发展机遇，创造发展条件，掌握发展全局。同时，我国的国情正在发生深刻变化。社会主义现代化建设已经进入发展的关键时期、改革的攻坚时期和社会矛盾频发时期。随着经济体制深刻变革、社会结构深刻变动、利益格局深刻调整，人们的思想观念发生深刻变化。因此，要适应我国发展的阶段性特征，奋力开辟中国特色社会主义更为广阔的发展前景，必须加强马克思主义理论和理论教育思想的创新和发展。从党情的深刻变化来看，党的自身建设面临诸多新课题新考验，历史方位的"三大转变"、"四大考验"和"四种危险"存在的长期性复杂性严峻性，都要求必须加强党的建设特别是思想理论建设和意识形态建设，努力提高党的建设科学化水平。

---

① 《江泽民文选》第2卷，人民出版社，2006，第305页。

胡锦涛的理论教育思想是对中国特色社会主义理论教育实践作出的新的科学概括。党的十七大对科学发展观进行了全面的概括和阐述。中国共产党提出构建社会主义和谐社会，这既是对党执政经验的总结，也是对国外一些执政党执政经验的借鉴，既是对我国社会主义建设规律认识的深化，也是对共产党执政规律、社会主义建设规律、人类社会发展规律认识的深化。党的十六大以来，以胡锦涛同志为总书记的党中央高举中国特色社会主义伟大旗帜，继续推进党的建设的伟大工程，不断创新党的建设的理论，不断取得新的理论成果：丰富和完善党的执政理论体系，加强党的先进性建设，推动了社会主义核心价值体系的伟大创新，提出社会主义荣辱观，提出大力培育当代革命军人核心价值观。

提高全党和广大干部特别是领导干部的思想政治素质是思想理论教育的根本。胡锦涛高度重视对未成年人、团员青年和大学生的思想道德建设与政治理论教育工作，高度重视教师队伍的建设，在全社会倡导尊师重教，采取了一系列重大措施，取得了显著效果，巩固和发展了以马克思主义为指导的社会主义意识形态阵地。在努力开创未成年人思想道德建设工作新局面方面，要认真总结和发展中国共产党开展未成年人思想道德建设的重要经验，大力推进未成年人思想道德建设。另外，要进一步加强和改进大学生思想政治教育工作，深入开展高校思想政治理论课教学改革，全力推进高校思想政治理论课教材编写工作，全面开展思想政治理论课教师培训工作，大力推进教学方法改革，大力推进思想政治理论课的学科建设，不断取得新的成效。

总的来看，毛泽东、邓小平、江泽民、胡锦涛等党和国家领导人的理论教育思想，无论是教育的内容、原则和方法，还是教育的主体与客体等方面，都为推进"三进"工作提供了重要的理论支撑和有益的经验参考。唯物史观的基本观点是："物质生活的生产方式制约着整个社会生活、政治生活和精神生活的过程。不是人们的意识决定人们的存在，相反，是人们的社会存在决定人们的意识。"[①] 恩格斯说过："每一个时代的理论思维，包括我们这个时代的理论思维，都是一种历史的产物，它在不同的时代具有

---

① 《马克思恩格斯选集》第 2 卷，人民出版社，2012，第 2 页。

完全不同的形式，同时具有完全不同的内容。"① 习近平总书记关于理论教育的重要论述，是对马克思主义经典作家及其以后无产阶级领袖理论教育思想的继承与发展，是指导新时代马克思主义理论教育的指南。

教育是国之大计、党之大计。"培养什么人、怎样培养人、为谁培养人"是教育的根本问题，事关中国特色社会主义事业兴旺发达、后继有人，事关党和国家长治久安。深入推进"三进"工作是新时代落实立德树人根本任务的现实需要，更是培养具有担当民族复兴大任的时代新人的必然要求。全面推进"三进"工作，对引导广大青少年树立马克思主义信仰，坚定中国特色社会主义道路自信、理论自信、制度自信、文化自信，立志听党话、跟党走，形成正确的世界观、人生观、价值观，具有重大的历史意义和现实意义。

## 第三节　文化积淀：中华优秀传统文化中的德治和德育理念

文化是一个民族的血脉和灵魂，是生存于其中的一代又一代人民共同铸就的精神家园。5000 多年的中华文明发展史孕育了源远流长、底蕴深厚、独具特色、灿烂辉煌的中华优秀传统文化。中华优秀传统文化承载着中华民族最核心的文化内涵与精神追求，代表着中华民族特有的精神象征，是中华民族代代相传、发展繁荣的丰厚滋养，是中国特色社会主义植根、发展的文化沃土，是当代中国发展的突出文化优势资源，对延续和发展中华文明、促进人类文明进步具有重要作用。② 习近平总书记十分重视对中华优秀传统文化的继承与发展，他强调："中华优秀传统文化已经成为中华民族的基因，植根在中国人内心，潜移默化影响着中国人的思想方式和行为方式。"③ 在新时代，深入推进"三进"工作，要在学习实践、充分感悟的基础上更好地传承创新中华优秀传统文化中的德育元素，特别是要将中华优秀传统文化中"坚持家国情怀的培育目标""坚持明德修身的道德追求""坚持因材施教的方法原则""坚持知行合一的培育实践"等重要基因有效

---

① 《马克思恩格斯文集》第 9 卷，人民出版社，2009，第 436 页。
② 参见刘宇《明代家训德育思想的当代价值研究》，博士学位论文，哈尔滨工程大学，2018。
③ 《习近平著作选读》第 1 卷，人民出版社，2023，第 241 页。

地融入思想政治教育中,切实做到中国特色社会主义理论体系与中华优秀传统文化相融合,与新时代国家创新发展相契合,凸显深厚历史底蕴和广泛文化共识。

## 一 坚持家国情怀的培育目标

"家"的表述最早见于甲骨文,通常意为屋内、居所。这里的"家"就是以传统的血缘关系为纽带而由父母、兄弟组成的"家"。关于"家国"的最早表述见于《逸周书·皇门》,即"是人斯乃谗贼媢嫉,以不利于厥家国"。它的意思是"这些人谗言伤人,相互嫉妒,以不利于国家"。结合血缘关系以及地理因素等条件,由若干个"家"的延伸、关联组成了一个共同的"国",体现着一种由家及国的层级关系。以人的特殊情感为依据的"情怀",体现了个体对特定事物或意识自发产生的"情感认同",并愿意持续为这种内在的认同而努力奋斗甚至牺牲小我。如果说文化始终是民族和国家的命脉,深刻体现了这个民族和国家特有的精神风貌,那么"家国情怀"的培育便始终是中华民族的核心目标,也因此形成了将历史文化基因构筑成共同价值追求的行为准则,在潜移默化中影响个体对自我、对集体、对民族、对国家的认知,进而以此为"文化号召"将民族中单独的个体凝聚成协同并进的整体。

可以说,在数千载的中华文明历史进程中,源于"家国一体"思想的"家国情怀"思想,始终都是民族文化的有机组成部分。比如,孔子对"家国一体"思想的系统、深刻阐述,也使得其开始成为儒家思想的重要组成部分。我们最为熟知的,是在儒家经典《论语》中关于"修身、齐家、治国、平天下"的逻辑演进中,蕴含了对于"家国情怀"的深刻理解与认同。古代的统治者认识到"天下之本在国,国之本在家"(《孟子·离娄章句上》),强调激发个体树立"以天下国家为己任"意识的重要性,特别是随着儒家文化成为核心的治国理念,历代君王开始有意识地将"家国情怀"融入经学、礼教等日常规范和行为准则中,进而使个人、集体对国家的热爱在理论上得到升华、融入内心。"人生自古谁无死,留取丹心照汗青"和"苟利国家生死以,岂因祸福避趋之"等诗词就是真实的"家国情怀"写照,凝心聚力、提神聚气的爱国主义精神将个人、家庭与国家的命运紧密地联结在了一起。① 因此，从历史文化发展的角度来看，"家国情怀"作为构筑起国家根基的重要部分，不仅蕴含于中华民族文化的历史与现实的交融并进中，还一直激励着历代中华儿女为国家富强、民族振兴、人民幸福接续奋斗。更为直观的是，这样的一种情怀始终影响着中国人关于"小家"与"大国"之间的情感认知、思维方式、行为方式，也体现为对个人、对家庭和对国家的热爱情感和责任担当，使"家"与"国"良性互动，在中国政治、经济、文化不断向前发展的过程中，发挥着团结民心和稳定社会秩序的作用，从而促进了国家的稳定和强盛。

正所谓"国之本在家"，家庭的前途命运同国家和民族的前途命运紧密相连。那么，如何正确理解"家是最小国，国是千万家"的深刻内涵和价值指向？习近平总书记指出，"国家富强，民族复兴，人民幸福，最终要体现在千千万万个家庭都幸福美满上，体现在亿万人民生活不断改善上"②。从这里可以看出，实现国家富强、民族复兴的核心目标与落脚点，都是为了更好地满足人民对于美好生活的向往与追求。与此同时，习近平总书记也特别强调，"爱国，是人世间最深层、最持久的情感，是一个人立德之源、立功之本"③。事实上，历史和现实早就告诉我们，"小我"与"大国"的密切关联离不开深厚的爱国情怀，只有深入了解中华民族历史，传承好中华优秀传统文化基因，树立民族自豪感和文化自信心，把爱家与爱国统一起来，坚定弘扬爱国主义精神，才能在真正意义上实现"国家好、民族好、家庭好"的一致追求。

中华优秀传统文化孕育的"家国情怀"精神，塑造了中华民族深厚持久的爱国主义风尚，弘扬爱国主义精神必须尊重和传承中华民族历史和文化，这也是激励全国各族人民自强不息、不懈奋斗的强大力量。④ 因此，深入推进"三进"工作，必须紧紧把握住"坚持家国情怀的培育目标"这一重要历史经验启示，不断加深广大人民群众对中华民族悠久历史、深厚

---

① 参见彭援援、蒲清平、孟小军《习近平关于传统文化的德育思想论述及时代价值》，《重庆大学学报》（社会科学版）2019年第2期。

② 《习近平著作选读》第1卷，人民出版社，2023，第545页。

③ 习近平：《在北京大学师生座谈会上的讲话》，人民出版社，2018，第11页。

④ 参见彭援援、蒲清平、孟小军《习近平关于传统文化的德育思想论述及时代价值》，《重庆大学学报》（社会科学版）2019年第2期。

文化的理解，从而更好地把"爱家"和"爱国"统一起来，把实现"家庭梦"融入"民族梦"之中，努力做到"利于国者爱之，害于国者恶之"（《晏子春秋·内篇·谏上》）。

## 二　坚持明德修身的道德追求

人类进入文明社会以来，就开始了对"道"与"德"的认知、定义与研究，逐渐演化出我们今天所熟悉的道德概念。今天，我们通常认为道德代表着社会的正面价值取向，起着判断行为正当与否的作用，体现某一时期人们共同生活及行为的准则与规范的共识，本质上也是一种社会意识形态。需要指出的是，道德由一定社会的经济基础所决定，并为一定社会的经济基础服务。

数千年来，中国人对人类道德生活一直有着深入思考，而传统美德始终是中华优秀传统文化中实现"以文化人"追求的精髓要义与价值导向，历来都扮演着中华优秀传统文化"精神命脉"的特殊历史角色。"道德至善"也成了我们始终追寻的理想境界，一直致力于引导人们过有高尚道德品质的生活。例如，老子和孔子等思想家提出了修身、孝悌、仁爱、忠信、乐群、扬善等诸多道德追求理念，具有鲜明的道德教化意义，体现了传统美德的教育指向。这些中华优秀传统文化中倡导的道德追求，甚至体现了人们将"明德修身"的追求置于比学业知识教授更为重要的位置上，为中华民族的繁荣发展注入了强大而丰厚的力量源泉。基于此，我们可以认为，由中华民族所创造的以礼仪规范、道德准则和优良美德等为核心的中华优秀传统文化，既是凝聚强大民族精神、构筑共同精神家园的文化本源，也是影响我们不同时期道德文化生活实践的重要因素。① 它不仅引领社会个体的道德文化认知与行为规范要求，还生动地塑造了中国礼仪之邦的国家形象。

党的十八大以来，党中央和国家反复强调和肯定了德育工作的地位和价值。加强思想道德建设既是中国共产党团结带领全国各族人民实现中华民族伟大复兴中国梦奋斗路上的重要文化保障，也是推进新时代社会主义精神文明建设的核心要义与重要内容。习近平总书记强调，"国无德不兴，

---

① 参见彭援援、蒲清平、孟小军《习近平关于传统文化的德育思想论述及时代价值》，《重庆大学学报》（社会科学版）2019 年第 2 期。

人无德不立。必须加强全社会的思想道德建设，激发人们形成善良的道德意愿、道德情感，培育正确的道德判断和道德责任，提高道德实践能力尤其是自觉践行能力，引导人们向往和追求讲道德、尊道德、守道德的生活，形成向上的力量、向善的力量"①。

在推进"三进"工作的过程中，我们必须深刻理解传统美德不仅是中华优秀传统文化的重要组成部分，还是习近平新时代中国特色社会主义思想中关于新时代道德建设新思想的文化根源，具有稳定性、连续性、实践性和民族性等特征。做人做事第一位的是崇德修身，继承和弘扬传统美德，进而在持续推进"三进"工作的实践中，切实做到培育和践行社会主义核心价值观、增强民族文化自觉和文化自信，为提升国家文化软实力及实现中华民族伟大复兴中国梦等提供道德力量与指向意义。

### 三　坚持因材施教的方法原则

"执古之道，以御今之有"《道德经第十四章》，因材施教既是中华优秀传统文化中积极的教育思想，也是当今教育教学遵循的基本原则，即"从学生的实际情况出发，实施因材施教"一直以来都为人们所认可和推崇。《论语》中有关于我国伟大思想家、教育家孔子针对子路与冉有提出的相似疑问，结合两者的不同个性给予不同回应的描述。这个生动记录体现了孔子"因材施教"的教育教学理念与思考。不仅如此，孔子还将这一"区别"对应到不同年龄阶段的教学中，如我们熟知的"少之时，血气未定，戒之在色；及其壮也，血气方刚，戒之在斗；及其老也，血气既衰，戒之在得"（《论语·季氏》），体现的也是"因材施教"的教育理念。虽然孔子早就具备了"因材施教"思想并用以指导教育实践，但"因材施教"不是孔子概括出来的。根据金景芳先生的考证，北宋程颐提出"孔子教人，各因其材，有以政事入者，有以言语入者，有以德行入者"（《二程集·遗书卷第十九·伊川先生语五》），北宋张载认为"《论语》问同而答异者至多，或因人才性，或观人之所问意思言语及所居之位"②。"因材施教"一词自此开始词义具备，由具体上升到抽象，不再只是经验之谈。总而言之，程颐、

---

① 《习近平关于社会主义文化建设论述摘编》，中央文献出版社，2017，第137页。
② （宋）张载：《张载集》，章锡琛点校，中华书局，1978，第308页。

张载等人把孔子"因材施教"的教学原则概括得很准确、阐发得更清楚，即根据每个学生的特点和特长进行培养，有针对性地教育。

"因材施教"这一理念原则得到后世学者特别是书院大师们的继承，并在推进古代书院发展中不断丰富、完善和深化，对中国古代教育和人才培养产生了深远的影响。北宋著名教育家胡瑗就是这一思想原则的重要继承者和创新者，他在传统的"个别教学条件下的因材施教"基础上，第一次提出中国历史上关于"在集体教学的条件下通过分科进行因材施教"的实践探索。可以说，胡瑗提出的"分斋教学"按照社会需求，在中国教育史上首次对学生实施个性化教育，具有重要的历史意义。① "因材施教"从由孔子倡导实施，到程颐、张载等把它概括成一种教学思想，再到明清教育家对其充实和完善，经历了一个漫长的发展过程，成为贯穿我国古代社会特别是封建社会时期书院教育的一个极为重要的教学原则和教育理念。② 但是，需要指出的是，由于我国古代长期存在的科举考试制度关注的是熟读儒家经典内容，束缚了学生的思想，在一定程度上阻碍了学生的发展。不过，从总结经验教训的视角来看，"因材施教"的历史探索对新时代的思想政治教育依然具有现实的启发意义。

教育决定着人类的今天，也决定着人类的未来。立足新时代，"因材施教"不只是简单意义上的教学原则与方法，而是要在教育教学中始终贯彻遵循的一种教育理念。实现中华民族伟大复兴的中国梦，离不开每一个中国人将"个人梦"与之紧密相连。也就是说，要以每个人的个性发展为基础，真正做到促进青年学生的成长发展，使每一个受教育者都成为适应生活要求和社会需求的时代新人。习近平总书记充分尊重人的主体性地位，高度重视"因材施教"的教育理念，针对领导干部这个"关键少数"和广大教师与青年学生等不同人群，提出了不同的德育要求。要想在教育中做到这一点，就离不开始终坚持"因材施教"，在推进教育发展的同时实现人的自由全面发展。习近平总书记在学校思想政治理论课教师座谈会上指出，推动思想政治理论课改革创新，"坚持统一性和多样性相统一。思政课的教学目标、课程设置、

---

① 参见蔡瑞云《我国古代高校分斋制与现代大学学院制比较研究》，博士学位论文，湖南师范大学，2015。

② 参见张颖《因材施教——教育教学的经典原则》，《山东教育学院学报》2003 年第 1 期。

教材使用、教学管理等方面有统一要求，但具体落实要因地制宜、因时制宜、因材施教"①。只有注重以人为本、因材施教相结合，才能在推进"三进"工作的过程中，贯彻落实习近平总书记的指示要求，不断创新课堂教学，给学生深刻的学习体验，引导学生坚定理想信念、学会正确的思维方法。

## 四　坚持知行合一的培育实践

"知行合一"教育理念是传统教育思想的延续和升华。在我国哲学历史长河中，众多哲学家结合自身思考，开展了关于"知"和"行"的认知与讨论，形成了不少关于"知""行"先后顺序、轻重关系等的理论。"知行合一"教育理念可以追溯到孔子"学以致用"的思想观念。孔子的知行观从二元的角度对"知"与"行"分别进行了详细阐述。孔子认为自己是"非生而知之者，好古，敏以求之者也"（《论语·述而》），体现了孔子对"学而知之"的重视程度。同时，"诵《诗》三百，授之以政，不达；使于四方，不能专对，虽多，亦奚以为"（《论语·子路》）等表述，也表明孔子认为《诗经》的关键作用不在于熟读之，而在于从中有所学并将其用于实践，也就是强调把"知"运用在"行"中。到了宋明时期，开始进入"知行"关系的系统化研究时期，"知行"关系的认识具有朴素的辩证特点。其中，程颐最早提出了"知先行后"说；朱熹修正了程颐的观念，提出了"知轻行重"说；王夫之从经验论立场出发，提出"行先知后"说；而王阳明在我国历史上最早阐释了"知行合一"的理念，认为知行无先后、同时并进、本义合一，强调"知"与"行"在主观认识上的一致性与目的指向上的内在统一性。

不可避免的是，古代知行观存在一定的局限性，即主要体现在道德认知和道德践履的范畴内，与自然科学等范畴的认识和实践的关系有一定差异。近代以来，孙中山在革命理论和革命实践的创新探索中，将知行关系加以进一步的认识与运用，提出了"知难行易""不知而行"等观点，丰富了"知"与"行"的内涵；毛泽东在坚持马克思主义的基础上，汲取了中国古代和近代知行论的精华，形成了以社会实践为特征的、科学的"实事求是"认识论，强调通过实践将"知""行"统一起来。新中国成立以来，为了找到适应时代要求和国家实际的教育改革的路径，我们学习过苏联、

---

① 习近平：《思政课是落实立德树人根本任务的关键课程》，人民出版社，2020，第21页。

美国等国家的经验做法，取得了一定的成效，但同时也面临不少问题。而"知行合一"是我国特有的哲学内涵，是在我国独特的历史、文化和国情中孕育和发展起来的，体现了儒家思想的精神品格，在面向新一轮教育改革浪潮时，其应该成为新时代中国人传承中华优秀传统文化、实现修身至善的重要法宝。因此，传承和发扬传统教育思想的精髓，汲取我国教育独有的"知行合一"思想品格和实践传统，是我们坚定文化自信、建设教育强国的根基。只有把握"知行合一"深刻的内涵意义，才能在推动思想政治理论课改革创新中找准坐标、取得实效。

教育事关国家未来，是民族振兴、社会进步的基石。习近平总书记在一系列关于教育的重要论述中，非常重视"知行合一"的德育原则。习近平总书记指出，要"修炼道德操守，提升从政道德境界，最好的途径就是加强学习，读书修德，并知行合一，付诸实践"[①]。在新时代教育中实现"知行合一"，就是要结合学生学习实际和方法，将其融入教育方式方法的创新探索中，引导学生从现实的、具体的教育场域出发，落实教育与生产劳动、社会实践相结合的内在要求。习近平新时代中国特色社会主义思想是新时代的马克思主义，自然不是书斋里的学问，更不是空想的、脱离实际的学说，推进"三进"工作，必然需要贯彻落实"知行合一"的价值追求目标与教学实践要求，只有这样才能更好地助力提高人才培养质量，满足社会发展需求和人民群众期盼，在新一轮教育改革中解决现存的困境与难题，帮助学生将学校学习与社会生产、生活实践紧密结合起来，切实做到理论和实践的深度结合，努力成长为德智体美劳全面发展，具有创新精神和实践能力的社会主义合格建设者和可靠接班人。

## 第四节　他山之石：西方国家理论教育的经验教训及启示

### 一　西方国家德育课程建设经验借鉴

改革开放40多年来，我国的政治经济社会和文化环境水平等都发生了深刻的变化，人民的物质生活水平和精神文明素养有了飞跃式的提升。与

---

① 习近平：《之江新语》，浙江人民出版社，2007，第175页。

此同时，我国德育工作研究在促进德育学术繁荣、指导德育改革与实践、应对时代课题的挑战方面也取得了显著进展与成就。当前，我国正开启全面建设社会主义现代化国家新征程，新一代学生的价值引导和教育面临新的机遇和挑战。学校承担着立德树人的根本任务，是面向社会输送人才的最后一道关卡，学生在思想逐渐成熟的同时，也面临经验不足的问题以及价值观仍未完整形成的困境。毫无疑问的是，我国的教育必须承担起培养能够担当民族复兴大任的时代新人的使命任务，而让青年一代成为立大志、明大德、成大才、担大任的时代新人，离不开思想政治教育中蕴含的德育功能的有力支撑。欧美等西方发达国家经过长时间的发展，在教育工作中有着较为丰富的经验，构建了较为系统的德育体系。这些国外德育经验值得我们思考与借鉴，对实现我国德育方法的创新探索具有一定借鉴意义，也有利于增进我国立德树人工作的导向性和实效性。

### （一）注重情感需要与现实关注的密切关联

世界上大多数国家都会有组织地对学生开展有计划、有目的、有要求的德育教育，从而使他们成长为符合国家、社会道德要求的合格公民。通常来说，西方德育的重要特点是实用性和社会性。德育内容往往面向现实生活、相对具体，抽象性、理论性的概念较少，重点围绕国民教育开展，包含爱国主义教育、价值观教育、道德观教育等。同时注重对学生现实问题的关注，重视学生个体需求与社会需求的结合，能够根据社会发展进行及时调整，充分融入社会生活和时代发展。尽管在不同国家的学校德育教育中，其教育内容会因自身的国家历史、社会文化、政治制度等而有所区别，但无疑都少不了一个关键的内容，那就是通过国家的创立史、发展史和文化史等蕴藏的优势地位、情感关联、辉煌成就、英雄人物等，唤起青年一代的民族自尊心和自豪感，激发出青年一代浓厚的爱国主义情怀，凝聚起强大统一的民族精神，进而培养他们爱祖国、爱人民的深厚情感，培养他们强烈的民族意识和国家价值观念，使其坚定地认同国民身份，致力于成为本民族的接班人，并为自己祖国的繁荣富强接续奋斗。①

---

① 参见吴青松《我国社会转型期大学生德育工作研究》，硕士学位论文，哈尔滨工程大学，2006。

例如，美国将"责任公民"融入德育教育中，反复强调对国家有强烈忠诚感的"责任公民"才是身为美国人的骄傲资本，引导学生成为有爱国精神、民族精神、对国家尽到责任和义务的自豪的美国人。以美国专设的"公民学"课程为例，其既帮助学生了解人人都享有法律上规定的各种权利、义务和责任，让他们在情感上具有身为美国人的优越感与自豪感，又引导其做到懂得尊重他人、遵守法律规定、履行个人承诺，培养学生与现实社会需求之间的双向满足，形成高度的自我责任感和社会责任感。同样，德国一直都注重培养学生的德意志民族精神，其在本质上也表现为爱祖国、具有民族自尊心、爱劳动、为信念而执着追求等方面。① 在历史、地理等相关课程的教学过程中都特别注重让学生在学习德国的民族英雄和著名人物的思想时，主动、深刻地将这些特殊情感与当下的美好生活来之不易关联起来，使学生继承民族优良文化传统，以及激发其对工作、对国家的一种自豪感和愿为之而献身的精神。

需要指出的是，西方国家在开展德育的过程中通常坚持较为明显的人本主义倾向，强调教师对学生的"主动倾听""把握教育过程""做一个促进者"。在这样的教育理念指导下，学生是主体而非客体，其"自我教育"最为重要。但是，我们应该清醒地意识到，这样的做法只有在合适的范围内，通过给予充分的尊重，认真倾听、关心和理解学生的思想和感受，才能够起到激发学生内在学习动力、主动参与学习的积极性，让师生之间通过无拘无束的对话而达到相互理解与交融的境界。一旦过度或片面强调学生的唯一中心性，则可能引发极端的自我中心主义和个体意识与集体意识的现实对立，反而失去了教育环境、教育实施者应有的"教育引导"作用。

### （二）注重外界引导与主观能动性的有机统一

在国家道德教育领域中，西方主流德育模式还具有间接式渗透的特点。学校教育比较注重显性教育与隐性教育课程相结合的教育功能目标，除了通过公民课、社会课等进行政治、法律、人权价值观等的教育，还注重发挥家庭、社会的影响作用，通过全国性的社会活动营造社会教育氛围，将

---

① 参见边慧民《西方道德教育的走向对我国高校道德教育的启示》，《济南职业学院学报》2009 年第 4 期。

德育的内容渗透到学生学习、生活、就业、交友等实际过程中。① 比如，在美国社会中，社会媒体、影视作品和教育基地等都在发挥其外界引导的影响力，这种力量可以是显性的，也可以是隐性的。其中尤为明显的就是以美国电影文化为主要载体的道德意识"植入"和公民意识"教育"，其只需要依托强大电影科技力量来打造各类大众喜闻乐见的美国大片，将国家意志和道德要求巧妙地"注入"其中。这种以电影文化为载体的教育模式，打破了传统德育对于课堂教学固定时空要求、任课教师具备一定技巧水平等方面的现实要求，可以让人们根本不需要坐在教室里或会议室里学习，只需要在消遣娱乐中通过电影赏析的方式来获取价值取向与规则导向的内容。基于此，不少西方学校还开设了"视听教学"德育课程，极大地改变了传统德育课程形式，也提高了教学效率、教学效益和德育效果。此外，为了营造强大的国家意志形象与浓厚的道德教育氛围，美国投入了大量资金进行社会政治教育环境、场所的建设，诸如美国国会大厦、白宫、华盛顿纪念堂、林肯纪念堂等，其主要目的是依托这些场馆表现美国的物质文明和精神文明，宣扬美国的政治制度和价值观念，本身就是美国向包括学生在内的各类群体开展思想政治、道德品质教育的重要载体。② 显然，这些无所不在的德育契机，构成了西方"泛德育"模式的社会"大课堂"德育体系的重要组成。

与外界引导相适应的是内在动力激发。西方国家除了通过一系列显性和隐性相结合的校内"小课堂"和社会"大课堂"推进青年学生德育工作以外，还特别注重学生心理状态与内生动力，将德育元素与心理咨询紧密结合在一起，使其成为助力国家德育工作深入人心的强大推动力，而非简单的心理危机干预或解决疑惑。众所周知，心理咨询在助力学生减缓内在矛盾与冲突、增强受挫能力、激发自我潜能方面具有积极作用，能够帮助学生不断改进和完善自身的内部环境，从而更好地适应不断变化的外部环境、促进人格成熟等。因此，心理咨询也逐渐发展成为许多西方发达国家推进德育教育的新途径。西方国家对心理咨询人员有十分严格的职业道德

---

① 参见左征军《美国高校大学生理想信念教育对我国的启示》，《学校党建与思想教育》2019年第 5 期。
② 参见郭纯平《高校思想政治理论课实践教学模式研究》，硕士学位论文，天津大学，2008。

要求。以美国咨询与发展协会为例，其明确规定自身"是一个教育、科学和专业性组织"，主要的工作目标是致力于提高个人的价值、保护个人的尊严、挖掘个人的潜能、提高人的独立性，从而为社会服务。① 在现代西方学校中，心理咨询已经成为德育工作的重要组成部分，其主要内容不仅包括心理指导、学习指导、生活指导和就业指导等，还包括道德素养、价值意识、社会文化等方面的德育教育元素的影响与积极性探讨，从而在助力学生寻求和建立自我主动性的同时，接纳和吸收国家德育倡导与价值观念。总体而言，西方学校的心理咨询工作取得了较为显著的成效，比如在美国，有超过半数的大学生接受过心理咨询服务；而在德国，将近2/3的大学生接受过心理咨询服务。这也就意味着，依托心理咨询开展的德育教育工作，通过咨询指导潜移默化地影响学生的道德价值观念，同样具有较为可观的覆盖面、参与度和影响力。

　　需要指出的是，在西方国家的学校德育教育中，还有一个与宗教传承相适应的特殊的教育形态——宗教课程，也就是说通过宗教相关课程的教育传递信仰与价值的追求，最终在这一过程中将符合其宗教理念的道德追求与国家德育相结合。比如，英国、德国等西方国家在学校开设了宗教课程，这些课程中的很大一部分内容都是与个人和社会价值观念密切相关的，主要帮助学生理解现代社会中文化的多样性，引导学生树立符合国家道德需要的价值观念。不过，这样的一种教育形态，只有在特定的社会环境和文化环境中才能发挥其补充国家德育的作用和功能，这就提示我们在借鉴西方国家学校德育教育体系建设时，需要辩证地、批判地进行吸收和选择，否则容易造成只学皮毛、不知其详的尴尬局面，甚至会对我国原有的德育价值体系带来冲击和破坏。

**（三）注重课堂教学与课外实践的协同联动**

　　无论是在中国还是在西方国家，德育教育的主渠道主阵地必然是课堂教学，尤其是我们熟知的第一课堂。从某种意义上说，西方国家德育教育的核心本质与我们的思想政治教育存在目标的一致性，即通过教育的方式

---

① 田甜：《生命教育视野下美国大学心理咨询中心建设特点》，《山西农业大学学报》（社会科学版）2013年第12期。

实现意识形态领域的核心观念与价值的凝聚与统一。无论是西方国家的德育教育，还是我们的思想政治教育工作，都离不开传统教育中的"说教"或"灌输"。在 20 世纪的西方国家中，德育教育面临、经历了对传统德育的"说教"或"灌输"的批判、改进、探索进程，并在此过程中不断对德育课程体系建设和课堂教学方式方法进行了改进完善，逐渐形成了形式多样、以学生为主体的德育教育模式。比如，针对传统教育中存在的以成人为主体对儿童开展的自上而下、自外而内的灌输教育，杜威提出，合理的道德教育不应该关注硬性的要求与强制的灌输，必须凸显受教育者的主体性，以表现个性、培养个性为目标导向，从而在尊重儿童个性和自由的基础上实现德育教育的软性接纳和选择。① 杜威的"反对灌输"理论一经提出，很快得到了诸多道德理论家、教育哲学家乃至广大民众的支持。越来越多的人走向了灌输教育的对立面，逐渐认为"灌输"是一种"错误的教育方式"，只有开放的、发展的、自主的"无灌输的道德教育"才是正确的教育，并将其当成德育教育甚至是一切教育的本质内涵，这也成了当代西方道德教育理论的主要特征之一。

基于此，西方国家逐渐形成了这样一种共识，即道德教育不是以实施教育的主体对受教育的客体开展的行为训练或情感激发，而是受教育者发挥主观能动性进行的道德认知、道德判断、道德推理以及道德选择等一系列能力的培养，"教育的主要功能是创造最好的条件促使每个人达到他所能及的最佳状态，帮助个体发现与他的真正的自我更相协调的学习内容和方法"②。比如，在英国的学校德育教育中，比较强调和关注学生德育认知能力的发展，具体包括掌握相关知识、了解逻辑推理和学会判断原则等，同时注重通过参与选择、扮演角色和承担后果等教学方式来强化学生的德育体验与训练，进而让学生在多样化的角色扮演中领悟道德要求的适应性与道德评价结果的可变性。在美国的德育教育课堂中，注重通过"问题讨论式"教学方式，让学生针对具体的道德问题展开讨论，培养和发展个体的道德思维，进而提升学生的道德判断能力、实践感知能力；而"价值分析

---

① 参见张秀萍、芦风军《基于杜威实用主义理论再探大学德育》，《煤炭高等教育》2010 年第 5 期。

② 张彦：《思想政治教育主体性研究》，广东人民出版社，2006，第 53 页。

法"教育方式，则是让学生去发挥自己的主观能动性，从自身的视角去对道德问题进行评判，发表自己的观点、作出自己的道德判断，从而在此过程中明晰道德价值标准。以此为基础，教师有针对性地选择相关思想道德专题进行集体研讨，组建以学生、家长、教师为主体的团队进行思考、讨论，并在分析比较他人的观点，选择、阐明自己的观点的前提条件下引导学生作出积极的道德评判，最终依托学生自主决定和制定的班级规则，以及参与制定学校的规则和纪律等实践性探索，帮助学生更加清晰地了解集体共识背景下道德规则的本质、标准与作为个体公民的权利、义务、自由等之间的相对关系，提升应对不良行为的道德感知与个体的自律能力。

与此同时，西方国家学校倡导开展的各类课外、校外活动，既是弥补课堂德育课程实践和方法的不足，也是学校促进公民道德素养提升的重要方式。具体而言，西方国家学校为了增加学生参加课外、校外活动的机会，丰富学生的课余生活，会不断创新开展形式多样、内容丰富、指向明确的德育教育活动。[①] 例如，围绕德育教育相关主题举办不同的理论讨论会、形势研讨会，或者聚焦种族歧视、性别歧视、暴力、吸毒和爱情等内容，结合学术研究、社会调研和民意测验等深入了解相应的道德困境、原因及可能的解决方案，并以此为基础组织开展演讲会、报告会、展览会等阐述交流。此外，在西方国家的德育教育中，劳动教育也扮演了非常重要的角色。比如，参加社区服务也是国外学生增强德育体验的重要渠道之一，他们通过提供知识服务、咨询服务、教育服务等，在实际体验中增强与人交往和处理实际问题的能力，并在此过程中培养关于团队意识、奉献精神、友善意识和服务社会的道德情怀与行为习惯，培养诚实、正直等方面的品性，增强德育教育的实效。不少美国学生经常参与社会活动，如半数以上的哈佛大学研究生会到孤儿院担任义务教师、为老年机构提供公益服务等，在了解社会实际的同时提升自身的社会道德水平。

由此我们可以看出，在西方国家学校的德育教育过程中，始终注重将德育融入专业教育和人文教育中，融入学校教育和社会教育中，逐渐形成了全社会、全过程育人的德育教育环境，也形成了注重情感需要与现实关注的密切关联、注重外界引导与主观能动性的有机统一、注重课堂教学与

---

① 参见许冬香《大学环境伦理教育刍议》，硕士学位论文，湖南师范大学，2002。

课外实践的协同联动等特点，在引导学生增强爱国自信与情怀、提升个人道德意识与素质等方面发挥了积极的作用。这些"他山之石"对我国开展学生思想政治教育具有一定的借鉴意义，也提供了新的探索方向。但需要指出的是，任何一种教育模式或方法，都离不开具体的国情、社情与民情，我们在开展思想政治教育工作，特别是推进"三进"工作的过程中，既要积极学习借鉴国外的有益经验、方式方法，又要深刻、辩证地认识到其存在的弊端与所需的土壤，要学会从西方德育教育的普遍性成效中找准其自身存在的特殊性因素，避免盲目跟风。我们既要传承好中华优秀传统文化中蕴含的优秀德育元素与有效教育方法，积极学习和借鉴国外德育教育的有效经验和做法举措，同时又要立足新时代的新形势和新要求，创新性地开展好"三进"工作，从而继续发挥思想政治理论课的主渠道、主阵地作用，注重创设显性与隐性相结合、校内与校外相结合、思想引领与实践体验相结合、外部引导与内在激发相结合的思想政治教育环境和体系，不断加强和改进思想政治理论课的教学改革与创新，帮助学生在认识和处理复杂社会事务的过程中，既能做到提升自身的分析问题和解决问题的综合能力与水平，又能在正确地认识客观世界的基础上注重将"小我"融入"大我"，切实做到习近平总书记提出的"重视思政课的实践性，把思政小课堂同社会大课堂结合起来，教育引导学生立鸿鹄志，做奋斗者"[①]的要求，将思想政治教育理论内化为学生的价值观念和道德标准，外化为学生的道德选择、自觉行动，引导学生在积极地改造主观世界和客观世界的过程中，为实现中华民族伟大复兴中国梦贡献青春力量。

## 二　东欧剧变、苏联解体带来理论教育的教训启示

20 世纪 80 年代末 90 年代初的东欧剧变、苏联解体，对世界格局产生了重大影响，使国际共产主义运动遭受重大挫折。东欧剧变、苏联解体是多方面因素"合力"作用造成的结果。从马克思主义理论教育的角度来看，东欧剧变、苏联解体特别是苏共垮台、苏联解体给我们的教训十分深刻。

第一，在理论教育内容方面，没有正确处理好坚持马克思主义与发展马克思主义的辩证关系。从思想僵化、保守的极端跳到放弃基本原则和马

---

① 《习近平谈治国理政》第 3 卷，外文出版社，2020，第 331 页。

克思主义指导地位，"左"倾机会主义大行其道。在斯大林时期，马克思主义理论被教科书化、模式化、固定化。其主要表现有四个。一是理论教育的教材高度统一和单一，以斯大林的《苏联社会主义经济问题》《论辩证唯物主义和历史唯物主义》等为主，在内容和体系方面丝毫不敢越雷池半步。二是固守马克思主义经典作家的个别论断、具体结论，如长期将社会主义经济等同于产品经济、计划经济，将无产阶级专政等同于高度集中统一的、党政合一的政治体制等，完全不敢结合实际进行改革。三是形而上学地对待马克思主义基本原理，将社会主义优越性绝对化，拒斥资本主义文明成果的有益继承和利用。四是将本国探索出的社会主义建设道路模式化，对任何与其不同或对其改革的努力视为修正主义。到了戈尔巴乔夫时期，在其所谓"新思维"指导下的改革运动则走向另一个极端，那就是放弃马克思主义基本原则和指导地位，推行所谓的"人道的、民主的社会主义"，直接导致了改革的失败和苏共垮台、苏联解体。总而言之，没有用发展着的马克思主义教育人民和指导实践，是其理论教育方面最大的失误。

第二，在理论教育的原则方面，没有一贯地、彻底地坚持理论联系实际，教条主义盛行。理论联系实际，首先必须科学地认识实际亦即本国国情，然后运用理论研究新情况、解决新问题，只有这样才能真正发挥理论的威力。但是苏联历代领导人在认识自己所处发展阶段的问题上，几乎无一不沉湎于美好幻想和自我陶醉之中，正如有学者所指出的："在斯大林时期，苏联人受的教育是'早日实现共产主义论'；在赫鲁晓夫时期，是'20年建成社会主义论'；在勃列日涅夫时期，是'发达社会主义论'。"① 苏联共产党没有正确认清其所处的发展阶段这个最大的实际，而且固守僵死的教条，没有运用马克思主义的立场、观点和方法分析新情况、解决新问题，不能在实践创新的基础上大胆开展理论创新，其马克思主义理论教育的效果可想而知了。

第三，在理论教育的方式和途径方面，没有实现理论教育与文化知识教育及其他方面教育的有机结合，形式主义极为严重。由于苏联理论教育内容的教条化、空洞化，理论教育必然在许多时候流于形式。尽管苏联在大学里从学校到班级层层设置专职思想政治工作者，并制定了详细的"大

---

① 王立新：《马克思主义理论宣传教育的失误与苏联剧变》，《社会主义研究》2001 年第 4 期。

学生共产主义教育综合方案"，甚至对大学 5 年中每周的思想政治教育都作了部署，但是没有真正的贯彻落实，所以收效甚微。决策层则被一些假象，如马列著作的大量出版、学习体会方面的论文大量发表、典型材料的大量上报等所迷惑。戈尔巴乔夫、雅科夫列夫等一批 20 世纪二三十年代出生、60 年代走上重要领导岗位的党员后来纷纷背叛马克思主义，从反面印证了苏联理论教育与专业知识教育及其他方面教育严重脱节、形式主义极其严重的通病。

第四，在理论教育的实现机制方面，没有实现广大人民群众在物质利益和思想进步两方面的同步提高、协调发展，思想强制和空洞说教极为普遍。众所周知，苏联国民经济长期比例严重失调并军事化，造成广大人民群众生活水平提高极其缓慢，甚至生活在严重的物质匮乏之中。如果人们不能从社会制度中得到实际利益，那么无论如何强化理论教育，其效果都会大打折扣。苏联、东欧之所以发展到今天这样，确有西方敌对势力推行和平演变战略的因素，但是归根结底，是苏联、东欧领导者走上一条错误的路线、推行了错误的方针和政策、严重脱离了群众所造成的。而路线、方针、政策的错误与严重脱离群众，都是与马克思主义理论教育上的失误分不开的。

# 第二章　习近平新时代中国特色社会主义思想"进教材"研究

教材是课程教学工作的基础和教学内容的主要载体。本意上，教材是为教学应用而选编的阐述教学内容的材料，是组织实施教学的依据，是传授知识、技能，培养能力和思想品德的工具。而课程体系则首先是指一个系统，这种系统是围绕着某一个课程目标、某一种教学内容或全部内容所体现的各种辅助性的物质载体，除核心课程课本之外，还有课程用的补充性书籍和辅助性工具，如工具书、教学参考书、课堂指导书、课程个案分析、习题复习本、课程参考书挂图、教学表格等所组成的一套体系。因为不管是补充性书籍，抑或辅助性工具等都是围绕着核心课程（也称教材）来进行的，所以本章所探讨的教材问题，特指核心教材即教科书。"进教材"是"三进"工作的重要前提与基石。

2021 年 7 月 21 日，国家教材委员会印发了《习近平新时代中国特色社会主义思想进课程教材指南》（以下简称《指南》），作为扎实推进习近平新时代中国特色社会主义思想进课程教材，落实立德树人根本任务，培养德智体美劳全面发展的社会主义建设者和接班人的根本指引。为研制《指南》，重点开展了以下四方面工作。一是委托有关学校专业机构组织专家、教研员和中小学一线教师等成立研制组。二是组织研制组认真学习领会习近平总书记系列重要讲话精神及相关著作，系统梳理党的十八大以来课程教材贯彻落实习近平新时代中国特色社会主义思想有关情况，分析学情，把握要求，研究起草《指南》初稿。三是广泛征求中央有关部门，有关学校，以及知名专家学者、相关学科课标修订组专家、教研员和一线教师的意见建议并进行修改完善。四是提请有关部门审议审查，确保《指南》准确性、科学性、权威性。

# 第一节 "进教材"的重大意义

课程教材集中体现党和国家意志，是育人的载体，直接关系人才培养方向和质量。全面落实习近平新时代中国特色社会主义思想进课程教材，对引导广大青少年树立马克思主义信仰，坚定中国特色社会主义道路自信、理论自信、制度自信、文化自信，立志听党话、跟党走，形成正确的世界观、人生观、价值观，具有重大意义。当前，要进一步提升课程教材铸魂育人价值，必须将习近平新时代中国特色社会主义思想融入课程教材中，进行统筹设计、系统安排。

## 一 明确"进什么"

教材是体现教学内容和教学方法的知识载体，是落实立德树人根本任务的重要保障，直接关系党的教育方针落实和教育目标实现。长期以来，课程教材存在不够系统、完善的碎片化现象，缺乏顶层设计。习近平新时代中国特色社会主义思想体系严整、逻辑严密、内涵丰富、博大精深，要全面准确理解和把握习近平新时代中国特色社会主义思想的精髓，进行体系化凝练，明确学习内容范畴。为此，国家教材委员会出台的《指南》为"三进"工作提供了根本的教材指引，使习近平新时代中国特色社会主义思想"进教材"更加系统化，从而可以有效提升育人效果。要让习近平新时代中国特色社会主义思想学有载体，就要积极推动《指南》落实，统筹统编课程教材，实现融合互进，以"盐溶于水"的方式引导学生自觉学习新思想、运用新思想，感悟新思想的时代伟力，从而在政治性与学理性相统一中实现习近平新时代中国特色社会主义思想铸魂育人于无形。

## 二 规划"如何进"

"进教材"是基本要求，要把握好"进教材"这个前提和基础。《指南》的出台为"三进"工作有序推进、螺旋上升提供了科学依据。依托《指南》，推进习近平新时代中国特色社会主义思想全面融入课程教材，关键是要做到覆盖基础教育、职业教育、高等教育各类型各学段，涵盖国家、地方和校本课程，融入哲学社会科学、自然科学各学科，贯穿思想道德教育、文化知识教育、社会实践教育各环节，不同学段全过程贯通，确保习近平新时代中国特色社会主义思想在大中小学课程教材中相互衔接、层层递进。

### 三　引导"怎么教"

教材建设是育人育才的重要依托。《指南》的出台引出了"怎么教"的问题。在学科安排上，要全科覆盖、各有侧重，避免交叉重复。《指南》明确指出，思政课程是落实习近平新时代中国特色社会主义思想进课程教材的主渠道，是落实立德树人根本任务的关键课程，要集中讲述习近平新时代中国特色社会主义思想，循序渐进、螺旋上升；哲学社会科学课程是习近平新时代中国特色社会主义思想进课程教材的重要渠道，要充分发挥主干课程的作用，分专题讲述习近平新时代中国特色社会主义思想；其他各学科专业课程教材应结合自身特点有机融入习近平新时代中国特色社会主义思想的相关内容，实现进课程教材全覆盖。

同时，《指南》结合实际情况，明确指出习近平新时代中国特色社会主义思想涉及的概念、理论有的比较抽象，大中小学生尤其是义务教育阶段学生认知水平、生活经历有限，必须加以转化，不能简单照抄文件或贴标签。只有把握住学生学习由具体到抽象、由感性到理性、由现象到本质的认知发展特点，注重讲故事与讲道理相结合、生动案例与抽象概念相结合，才能引导青少年学生理解"中国共产党为什么能、马克思主义为什么行、中国特色社会主义为什么好"，并把这种认识融入世界观、人生观、价值观之中，体现在"强国有我"的行动中。

## 第二节　"进教材"应关注的现实问题

长期以来，我国思想政治理论课教材面临易读性、理论性和对象性差等问题。而且，现实问题更是教材应用于课堂后亟须处理的主要问题。这些问题都应该在教材修订前、修订中，以及修订后的各个环节中加以解决。

## 一 教材设计的系统性与理论性如何结合

### （一）理论的系统性和教材设计的整体性如何结合

在实际教学过程中，马克思主义理论的系统化和课程设计的完整性之间会产生必要的矛盾。比如，以"毛泽东思想和中国特色社会主义理论体系概论"课程为例，"进教材"一方面要将习近平新时代中国特色社会主义思想的基本框架或逻辑结构系统呈现，另一方面要着眼于整体性把握主题，避免因太具体而与后面课程内容重复，从而防碍教材的整体设计。

### （二）理论的自信性和教材设计的体现性如何结合

学说的基础生命就是解释能力。某些社会思想之所以可以长期生存下去并拥有市场，就是因为它对社会现实问题具有一定的阐释能力。马克思认为："理论只要说服人 ［ad hominem］，就能掌握群众；而理论只要彻底，就能说服人 ［ad hominem］。"① 理论知识的不彻底是思政课教学内容所面临的主要问题。这一问题突出体现为"应然"与"实然"间的冲突，即学习者们通过思想政治教育课所学习到的马克思主义理论知识，与其在实际社会生活中的切身感受之间存在很大落差，正是这样的落差感使学习者们对马克思主义的科学性与真理性产生了怀疑。

在通常情况下，思想政治理论课教材理论性不强、对于理论的阐释力度不足，主要体现在以下几个方面。一方面，思政课教材宣传创新理论的时效性有待进一步提升，传统编写的思政课教材更关注思想理论的宣传教育，对当今大学生思想需求的发展还须进一步关注，以更好地满足学生思想需求、答疑解惑的渴望。另一方面，思政课教材中的话语体系还需要进一步丰富，尤其是要结合学生的认知特点、思想动态和行为规律来进一步地创新思政课教材的话语表达，并给予学生充分表达自身观点的机会，通过深度的交流沟通，使学生能够真正理解和接受思政课传递的思想内涵。

---

① 《马克思恩格斯文集》第 1 卷，人民出版社，2009，第 11 页。

## 二　教材内容的现实性与时效性如何体现

### （一）教材内容的修订跟不上实践的探索

实践性研究是马克思主义理论科学化的基石，因此，教材的修订怎样才能跟上实践的探索，就成为重要的问题。目前，中国特色社会主义实践在许多重大课题上都有深入的研究。例如，怎样完善中国基本经济制度，怎样优化收入分配制度、改善社会保障体系，怎样实现坚持党的领导、人民当家作主、依法治国之间的有机统一，怎样促进再就业、降低失业率，怎样巩固马克思主义在意识形态领域的指导地位，怎样全面推进党的建设、完善党的领导方式和执政能力，怎样更好凝聚力量促进中华民族伟大复兴等一系列的问题。然而，实践虽然是生动的，但教材的内容则是有时效性的，反映在"进教材"问题上就体现为教材内容的修订跟不上实践探索。

### （二）教材内容的修订跟不上理论的发展

一是理论是不断发展的，这也导致教材的修订与理论发展速度不一致。习近平新时代中国特色社会主义思想作为马克思主义中国化最新成果，更是在实践中不断发展，在发展中不断完善的，如从"三个自信"发展到如今的"四个自信"等。二是学术界的研究对教材编撰的支撑力不足。一方面，尽管习近平新时代中国特色社会主义思想是在实践中形成的，但是，"学术界对这一思想的框架体系有多种表述"①；另一方面，习近平新时代中国特色社会主义思想包含众多新论断、新理念，这些新的理念和论断都需要更深入的理论探讨和实际研究。三是教材与课堂衔接度问题。教材的最终目的是应用于课堂教学，教材的修订只是基础工作，更重要的是处理好教材与教师之间的关系、教材与课程设置之间的关系。只有处理好这两对关系才能达到"进教材"应有的效果，从而达到融会贯通。

### （三）教材内容跟不上学生对于现实问题的关注

只有高度地抽象，才能使理论具备一般性，但这也会导致理论与现实之

---

① 秦宣：《〈毛泽东思想和中国特色社会主义理论体系概论（2018 年版）〉修订说明》，《思想理论教育导刊》2018 年第 5 期。

间产生距离。韩喜平等认为，"统编教材呈现出来的样式就是一种体系化的理论，但这容易给学生造成抽象化、教条化的印象。同时，现实又是不断变化的，作为统一修订的教材与现实生活在很多时候是存在'脱节'的情况的"①。这往往也是学生不喜欢思政课的主要原因之一。但如今，对学生进行思想政治教育又是重中之重。生活在当下的青年学生应该是最有自信、最有理想、最有活力的，但在市场经济条件下，青年学生的价值观有物质化、拜金主义、个人主义的倾向，对社会问题和国家发展缺乏应有的关注，这更需要通过思想政治理论课使青年学生树立正确的世界观、人生观、价值观。

## 三 教材的针对性与教学对象的需求性如何结合

### （一）教材必须建立在准确把握新时代学生特点的基础上

教材的编撰和修订只有建立在精准把握新时代学生的观念、情感、思想、心理的基础上，才能有针对性地提升教材的实效性。现在的学生都是在社会主义市场经济下，随着社会信息化、经济全球化和文化多元化的发展而成长起来的一代，需要更加深入地了解他们的特点，进而加强教材的针对性。以"00后"大学生为例，他们成长于网络科技和电子产品快速发展的时代，思维更加敏锐、活跃，思想更加开放、多元，互动方式也更加个性化，他们既关心国家大事、关心国际政治也追求实现个性化的价值。当代学生的与众不同也要求教材的编撰和修订必须准确把握学生特点，在国内和国际的结合上、在宏观和微观的结合上下功夫、出实招，在解决实际问题上下功夫、出高招，从而使教材贴合学生的代际特点和时代特征。

### （二）教材必须回应学生普遍关注的社会热点难点问题

要丰富和创新思想政治教育的内容，就需要丰富和创新教材的内容。提升学生的思想政治素质，首先就应该从增强教材内容的时代性入手。要将习近平新时代中国特色社会主义思想的理论成果及时充实到课程教材中来，尤其是用习近平新时代中国特色社会主义思想中最精髓的理论成果来

---

① 韩喜平、孙小杰、张宇：《关于思想政治理论课教育教学难题的破解》，《学校党建与思想教育》2018年第5期。

回应学生普遍关注的社会热点难点问题，切实回答好诸如在新时代背景下要"坚持和发展什么样的中国特色社会主义、怎样坚持和发展中国特色社会主义"等富有时代特征的基本理论问题。

### （三）教材必须满足学生成人成才的现实需要

"进教材"必须有效且有用，教材必须能够满足学生成长的需要、满足学生全面发展的需要。在信息化时代，个人的需求、价值、尊严等变得更加多元多样，对个人价值的追求不断凸显，习近平新时代中国特色社会主义思想"进教材"要重视这个客观事实，并引导、规约学生面对这个客观事实。习近平新时代中国特色社会主义思想在"进教材"的问题上，必须在内容设置上尊重、关心学生的利益需要，并满足不同阶段学生的合理的个人需要以及成人成才的现实需要。

## 四　教材设计的人性化和可读性问题

### （一）教材内容的反复性重复性问题

思政课覆盖大、中、小各个层级教育，教育对象包括从小学生一直到博士研究生各个层次学生，但在教材上，不同教育阶段的教材之间存在内容重复的现象，这也导致了在更高层级的教育上容易出现学生倦怠现象。同时，教材内容的丰富度、区别度也不够，教材内容以理论介绍为主，难以激发学生的问题意识和好奇心。

### （二）教材语言的呆板枯燥与可读性相冲突的问题

在"05方案"正式实施以后，思政课教材也经历了多次修订，但是教材的可读性仍旧不尽如人意。而导致这一问题的主要原因在于，思政课教材作为集体编撰的官方教材，为了凸显其权威性，不得不牺牲其个性化和生动性。以《毛泽东思想和中国特色社会主义理论体系概论》为例，尽管针对以往教材形式单一、语言呆板等问题，该教材在修订过程中作了一些尝试和努力，但为了保证严肃性、权威性、准确性，该教材的文件语言色彩依然很浓。但我们知道，教材的可读性直接影响"进头脑"的效果。教材应根据不同阶段学生的思想、学习、生活实际和教学需要，对文字表述作出适当修改，使内容可读性更强，并可以增加一些链接、资料、案例、数据、图表等，以增强教材的可读性和吸引力，帮助学生更好地学习使用教材。

**（三）教材的"理论灌输"与"润物无声"相结合的问题**

从本质上看，思想政治教育的主要目的在于教育者将符合时代发展要求的意识形态、世界观、人生观、价值观等灌输到学生心里、头脑里。就思想政治理论课而言，教材承担了"灌输"任务中的工具性作用，因此教材的编写也就体现了"灌输"的任务，反映在教材语言上就具有了"文本化""抽象化"的教材语言特征。与此同时，教材语言还要兼顾"语言美"，体现教材的人文气息，只有这样才能让教材富有魅力，能够抓住人心，可读可亲。既要尊重学科历史成果，又要关注中国当下现实；既要阐述基本理论，又要凸显中国信念、中国风骨、中国气派，从而使教材语言能体现出真理性与人文性相统一的特征。

# 第三节 "进教材"的总体要求与具体举措

习近平新时代中国特色社会主义思想"进教材"是学生思想政治教育的重要任务，对于帮助学生树立科学的世界观，从整体上把握马克思主义，掌握人类社会发展规律具有重要意义。习近平新时代中国特色社会主义思想"进教材"，应从多方面入手，充分吸收理论和实践的最新成果，吸收广大教师学生和读者的意见建议，把"进教材"工作做好。

## 一 总体目标[①]

习近平新时代中国特色社会主义思想进课程教材的整体布局与分科安排科学有序，学科学段环节全面覆盖，思想内涵充分阐释，学习要求循序渐进、螺旋上升，全面提升课程教材铸魂育人功能，教育引导学生树立共

---

① 《国家教材委员会关于印发〈习近平新时代中国特色社会主义思想进课程教材指南〉的通知》，中央人民政府门户网站，https://www.gov.cn/zhengce/zhengceku/2021-08/25/content_5633152.htm？ivk_sa=1023197a&wd=&eqid=fb5c57f000007457000000000264893fa3，最后访问日期：2024年3月8日。

产主义远大理想和中国特色社会主义共同理想，增强"四个意识"、坚定"四个自信"、做到"两个维护"，把爱国情、强国志、报国行自觉融入全面建设社会主义现代化国家、实现中华民族伟大复兴的奋斗之中。

## 二 基本原则①

### （一）坚持系统安排

要全面介绍与阐释习近平新时代中国特色社会主义思想的时代背景、核心要义、精神实质、科学内涵、历史地位和实践要求，牢牢把握习近平新时代中国特色社会主义思想的基本立场观点方法，注重系统整体设计、分段分科推进，在不同学段不同学科不同课程中有序铺开，强化大中小学思政课一体化建设。引导学生提高学习理论的自觉性，增强责任感、使命感，将个人追求融入国家富强、民族振兴、人民幸福的伟大梦想之中。

### （二）实现全面覆盖

习近平新时代中国特色社会主义思想进课程教材必须做到不同学段全过程贯通。要在统筹安排基础上，做到覆盖教育各类型各学段，涵盖国家、地方和校本课程，体现在德智体美劳各方面目标培养中，确保习近平新时代中国特色社会主义思想在大中小学课程教材中相互衔接、层层递进，实现全覆盖，全面增强课程教材铸魂育人功能。

### （三）结合学科特点

习近平新时代中国特色社会主义思想进课程教材要依据不同学科特点，结合各学科独特优势和资源，实现有机融入。哲学社会科学课程教材要突出原文原著，注重介绍和阐释与学科专业知识有关的习近平总书记重要讲话、文章内容与思想，引导学生在学习学科专业知识过程中加深对习近平新时代中国特色社会主义思想的理解与认同。自然科学课程教材要把

---

① 《国家教材委员会关于印发〈习近平新时代中国特色社会主义思想进课程教材指南〉的通知》，中央人民政府门户网站，https：//www.gov.cn/zhengce/zhengceku/2021-08/25/content_5633152.htm？ivk_sa=1023197a&wd=&eqid=fb5c57f0000074570000000264893fa3，最后访问日期：2024年3月8日。

习近平新时代中国特色社会主义思想的基本立场观点方法转化为育人立意和价值导向，引导学生在学习科学知识、培育科学精神、掌握思维方法过程中体悟习近平新时代中国特色社会主义思想的真理力量。

### （四）注重适宜实效

要依据学生不同年龄段认知发展规律和教育教学规律，贴近学生生活学习实际，注重讲道理与讲故事相结合、抽象概念与生动案例相结合、显性表述与隐性渗透相结合，确保进课程教材内容可认知、可理解，指导学生将思想认识转化为实际行动。

## 三 学段要求[①]

应遵循学生认知发展规律，体现循序渐进、螺旋上升，按照小学、初中、高中、大学、研究生阶段，分别提出习近平新时代中国特色社会主义思想在不同学段的学习要求。小学阶段重在启蒙引导，将爱国情怀、坚定社会主义的种子从小埋在心底。初中阶段重在感性体验和知识学习相结合，促进形成基本政治判断和政治观点，打牢思想基础。高中阶段重在实践体验和理论学习相结合，促进理性认同，提升政治素质。大学阶段重在形成理论思维，实现从学理认知到信念生成的转化，增强使命担当。研究生阶段重在深度探究，形成宣传、阐释、研究新思想的素质和能力，做到融会贯通。

习近平新时代中国特色社会主义思想进课程教材，应结合不同学段学生的特点，遵循学生认知规律，统筹安排，系统有效实施。

### （一）小学阶段

小学阶段重在启蒙引导，在幼小心灵里埋下爱党爱国爱社会主义的种子。主要通过讲故事和描述性语言，运用生动具体、形象直观的方式，注重体验教育，通过"看到什么""听到什么"，让学生知道中国共产党是为

---

① 《国家教材委员会关于印发〈习近平新时代中国特色社会主义思想进课程教材指南〉的通知》，中央人民政府门户网站，https://www.gov.cn/zhengce/zhengceku/2021-08/25/content_5633152.htm? ivk_sa = 1023197a&wd = &eqid = fb5c57f00000074570000000264893fa3，最后访问日期：2024 年 3 月 8 日。

中国人民谋幸福、为中华民族谋复兴的党，知道中国共产党是中国人民和中华民族的主心骨，知道习近平总书记是全党全国人民的领路人，知道中华民族伟大复兴的奋斗目标和新时代"两步走"战略安排，知道只有坚持中国共产党领导才能实现全体人民共同富裕和中华民族伟大复兴的目标，增强国家认同感，从小立志听党话、跟党走。

### （二）初中阶段

初中阶段重在感性体验和知识学习相结合，促进形成基本政治判断和政治观点，打牢思想基础。主要以具体事实、鲜活案例、生活体验和基本概念，引导学生进行初步理性思考，通过呈现中国共产党带领全国各族人民取得的历史性成就和创造的"两大奇迹"，从"是什么"的角度帮助学生初步理解习近平新时代中国特色社会主义思想的核心要义，引导学生热爱党、热爱祖国、热爱人民。

### （三）高中阶段

高中阶段重在实践体验和理论学习相结合，促进理性认同，提升政治素质。主要运用观察、辨析、反思和实践等形式，引导学生从"怎么做"的角度理解坚持和发展中国特色社会主义的行动纲领，帮助学生知其言更知其义，树立共产主义远大理想和中国特色社会主义共同理想，坚定"四个自信"。

### （四）大学阶段

大学阶段重在形成理论思维，实现从学理认知到信念生成的转化，增强使命担当。主要以系统学习和理论阐释的方式，运用理论与实践、历史与现实相结合的方法，引导学生全面深入地理解习近平新时代中国特色社会主义思想的理论体系、内在逻辑、精神实质和重大意义，理解其蕴含和体现的马克思主义基本立场、观点和方法，增进对其科学性系统性的把握，提高学习和运用的自觉性，增强全面建设社会主义现代化国家和实现中华民族伟大复兴中国梦的使命感。

### （五）研究生阶段

研究生阶段重在深度探究，形成宣传、阐释、研究习近平新时代中国特色社会主义思想的素质和能力，做到融会贯通。主要以专题学习和理论探究的方式，运用学术探索、社会调查和国际比较等方法，引导学生立足当前、着眼未来，以历史发展的眼光，深入思考习近平新时代中国特色社会主义思想的核心要义、价值取向、理论品格和思想方法，真正学深悟透、研机析理，不断提高马克思主义理论水平，自觉运用这一思想武装头脑、指导实践；引导学生自觉运用马克思主义观点、方法分析当代中国基本国情和世界形势，学、思、用贯通，坚定信心、强化自觉、提升素质，投身民族复兴的伟大事业。

## 四 课程安排①

加强学科横向关联配合，按关键课程、主干课程和其他课程分类提出习近平新时代中国特色社会主义思想"进教材"的具体要求。

思政课程是进课程教材的主渠道，系统性地对习近平新时代中国特色社会主义思想进行讲述。哲学社会科学课程是进课程教材的重要渠道和主干课程，按照学科门类分别提炼了需要重点融入的主要学习内容与要求，分专题讲述习近平新时代中国特色社会主义思想。理工农医等其他课程结合学科专业特点，有机融入相关内容，强化育人立意和价值导向。

习近平新时代中国特色社会主义思想"进教材"要根据不同学科的特点和学科专业内容，按照系统讲述与分领域分专题阐释相结合的方式，把握总论与分论、理论与现实、宏观与微观、显性与隐性的关系，做到科学编排、有机融入、系统展开。

### （一）思政课程

小学"道德与法治"围绕习近平总书记关于培育和践行社会主义核心

---

① 《国家教材委员会关于印发〈习近平新时代中国特色社会主义思想进课程教材指南〉的通知》，中央人民政府门户网站，https：//www.gov.cn/zhengce/zhengceku/2021-08/25/content_5633152.htm？ivk_sa = 1023197a&wd = &eqid = fb5c57f00000074570000000264893fa3，最后访问日期：2024 年 3 月 8 日。

价值观、道德养成和法治素养的精辟论述，呈现"习语金句"，引导学生做到"记住要求、心有榜样、从小做起、接受帮助"，扣好人生第一粒扣子。

初中"道德与法治"重点讲述习近平总书记关于社会主义文化建设、全面依法治国、总体国家安全观重要论述，帮助学生理解习近平新时代中国特色社会主义思想是全党全国人民为实现中华民族伟大复兴而奋斗的行动指南，引导学生自觉把爱国情、强国志落实到实际行动中。

高中"思想政治"重点讲述习近平总书记关于社会主义经济、政治、文化、社会、生态文明建设"五位一体"的重要论述，深刻了解习近平新时代中国特色社会主义思想蕴含的思想方法和理论品格，引导学生成长为有理想、有本领、有担当的时代新人。

大学阶段，"思想道德与法治""马克思主义基本原理概论""中国近现代史纲要""毛泽东思想和中国特色社会主义理论体系概论"等系统讲授马克思主义中国化内容，就习近平总书记关于培育和践行社会主义核心价值观、道德建设、法治建设进行阐述，对习近平新时代中国特色社会主义思想进行全面讲授，引导学生学习领会习近平新时代中国特色社会主义思想的时代背景、理论渊源、实践意义，深刻理解核心要义、精神实质、丰富内涵、基本观点、实践要求。

硕士研究生阶段，"中国特色社会主义理论与实践研究"以专题的形式全方位、多角度地讲授习近平新时代中国特色社会主义思想，引导学生在理论与实践的互动中理解这一思想的时代价值。"自然辩证法""马克思主义与社会科学方法论"要充分体现习近平总书记在运用马克思主义方法论方面的创新，引导学生更加自觉地用这一思想指导解决科学研究中的实际问题。

博士研究生阶段，"中国马克思主义与当代"基于历史和现实，着眼世界格局的变化、面临的问题和当代中国发展等，深刻理解习近平新时代中国特色社会主义思想理论创新的重大价值，更加自觉地把握中国特色社会主义事业的历史地位和世界意义，引导学生自觉运用马克思主义基本立场、观点和方法分析当代中国基本国情和世界形势。

### （二）哲学社会科学课程

哲学社会科学课程是习近平新时代中国特色社会主义思想进课程教材

的重要渠道，要充分发挥主干课程的作用，分专题讲述习近平新时代中国特色社会主义思想。

哲学类课程教材要讲清楚习近平新时代中国特色社会主义思想蕴含的马克思主义世界观和方法论，深入阐释习近平总书记关于坚持实事求是、提高科学思维能力、保持战略定力、坚持问题导向、重视调查研究、发扬钉钉子精神、依靠学习走向未来等方面的重要论述；经济学类课程教材要阐释习近平经济思想，深入讲述新发展阶段、新发展理念、新发展格局和"七个坚持"，即坚持加强党对经济工作的集中统一领导，坚持以人民为中心的发展思想，坚持适应把握引领经济发展新常态，坚持市场在资源配置中起决定性作用、更好发挥政府作用，坚持推进供给侧结构性改革，坚持问题导向部署经济发展新战略，坚持正确工作策略和方法，稳中求进；法学类课程教材主要讲授习近平法治思想，系统阐释习近平总书记关于全面依法治国、中国特色社会主义民主政治发展道路、国际关系和全球治理等方面的重要论述及习近平外交思想；管理学和社会学类课程教材要系统阐释习近平总书记关于社会主义社会建设重要论述，讲清楚社会主义建设就是为了带领人民创造幸福美好生活，就是为了在发展中保障和改善民生，解决广大人民群众最现实的、最直接的利益问题；教育学类课程教材要系统阐释习近平总书记关于教育的重要论述，讲清楚教育改革发展必须坚持新思想、新方法，必须坚持社会主义办学方向，加快推进教育现代化、办好人民满意的教育、培养德智体美劳全面发展的社会主义建设者和接班人；历史学、文学、艺术学类课程教材要系统阐释习近平总书记关于社会主义文化建设重要论述，坚定文化自信，讲清楚习近平总书记关于社会主义文化建设重要论述是推动社会主义文化繁荣兴盛的根本遵循，为中华民族文化传承和创新发展指明了方向，为人类文明交流互鉴提供了中国方案。

## （三）其他课程

其他各学科专业课程教材应结合自身特点有机融入习近平新时代中国特色社会主义思想的相关内容，实现课程教材全覆盖。军事学类课程教材要系统阐释习近平强军思想，讲清楚习近平强军思想的地位作用、核心要义和指导作用；农学类课程教材要系统阐释习近平生态文明思想；理学、工学、医学类课程教材要结合学科专业特点，阐释人民至上、生命至上思想。

各学科都要结合学科特点，有机融入党史、新中国史、改革开放史、社会主义发展史等内容，阐释习近平总书记关于历史问题、历史思维的重要论述，引导学生在学思践悟中坚定理想信念，在奋发有为中践行初心使命，不断增强历史定力、锤炼历史思维。要全面梳理习近平总书记在地方工作的创新理念、重大实践，及时梳理习近平总书记视察地方、学校发表的重要论述，深入挖掘育人价值，有机融入各级各类课程教材和教学实践过程，不断丰富学习内容，引导学生进一步理解习近平新时代中国特色社会主义思想发展脉络和实践要求，使习近平新时代中国特色社会主义思想"进教材""进课堂""进头脑"更加系统全面、生动具体。

## 五　组织实施①

### （一）加强专业指导

组建以从事习近平新时代中国特色社会主义思想研究与教育的专家为主的指导组，加强统筹、指导。依托国家教材委员会及地方相关教材审查机构，督促指导在中小学国家、地方、校本课程教材中落实到位。发挥各级各类教学指导委员会、国务院学位委员会学科评议组、全国专业学位研究生教育指导委员会、行业职业教育教学指导委员会等专家组织作用，督促指导在职业院校、普通高校学科专业课程教材中落实到位。

### （二）制定落实细则

结合各类课程教材特点，编修团队要制定习近平新时代中国特色社会主义思想进课程教材落实细则，分学段分学科细化任务，实现中小学国家、地方、校本课程教材和职业院校、普通高校学科专业课程教材及时进、有效进，做到应进必进、应落尽落。

---

① 《国家教材委员会关于印发〈习近平新时代中国特色社会主义思想进课程教材指南〉的通知》，中央人民政府门户网站，https://www.gov.cn/zhengce/zhengceku/2021-08/25/content_5633152.htm?ivk_sa=1023197a&wd=&eqid=fb5c57f0000074570000000264893fa3，最后访问日期：2024年3月8日。

### （三）严格审查把关

充分发挥国家教材委员会及其专家委员会审查把关作用，加强统编教材、高校马克思主义理论研究与建设工程重点教材落实习近平新时代中国特色社会主义思想情况的审查。地方及高校相关教材审查机构要加强对其他课程教材落实情况的审查把关。各地要将"三进"工作纳入地方党委、政府、教育部门和学校的重要议事日程，建立党委、政府领导，政府教育督导部门牵头、部门协同、多方参与的组织实施机制。各地可结合当地实际，制定习近平新时代中国特色社会主义思想进课程教材实施细则，确保习近平新时代中国特色社会主义思想融入不同地区不同学段课程教材的准确性、系统性。

### （四）强化培训培养

组织开展课程教材编修团队专题培训，确保习近平新时代中国特色社会主义思想进课程教材的系统性、准确性与适宜性。紧密结合思政课程和课程思政建设工作，将习近平新时代中国特色社会主义思想作为教师培训必修内容。示范开展思想政治骨干教师专题培训。

### （五）加强教学研究

充分利用各地教科研部门和高校的相关优势学科、重点研究基地和相关科研力量，深入开展对习近平新时代中国特色社会主义思想相关内容教育教学研究，为习近平新时代中国特色社会主义思想教育教学和教材编写提供理论基础和学理支撑。

### （六）强化示范推广

要注重抓示范、树标杆。要引导地方和中小学校，借鉴国家课程教材做法，落实习近平新时代中国特色社会主义思想进课程教材要求，做好转化，增强吸引力、感染力。职业院校、普通高校学科专业课程教材要从国家规划教材和一流课程、专业做起，探索形成符合专业教育实际和思政教育目标的落地模式，并逐步扩展到所有学科专业课程教材，促进内容体系、教学体系与课程思政体系的不断完善、整体贯通。要及时总结各个学段、各种类型课程教材落实习近平新时代中国特色社会主义思想典型经验，交流互鉴，引领示范，确保落全、落实、落好。

### （七）完善激励机制

中央为习近平新时代中国特色社会主义思想进课程教材继续提供财政资金支持，重点向中西部农村地区、欠发达地区倾斜。各地要健全激励机制，对完成进课程教材目标、提供保障机制、提升保教质量等方面工作成效突出的地方按国家有关规定予以表彰奖励。

综上所述，习近平新时代中国特色社会主义思想进课程教材，一是要明确"进什么"，习近平新时代中国特色社会主义思想体系严整、逻辑严密、内涵丰富、博大精深，必须全面准确理解和把握习近平新时代中国特色社会主义思想的精髓，进行体系化凝练，明确学习内容范畴。二是要规划"如何进"，坚持学段全覆盖，强化纵向一体化设计；结合学科专业特点，按关键课程、主干课程和其他课程分类提出落实要求，加强学科横向关联配合。三是要引导"怎么教"，把握学生认知发展特点，体现循序渐进、螺旋上升，小学重在启蒙，初中重在感性体验和知识学习相结合，高中重在实践体认和理论学习相结合，大学重在形成理论思维，研究生阶段重在深度探究。

# 第三章　习近平新时代中国特色社会主义思想"进课堂"研究

本章从培养一流人才所应具备的正确思想观念和实践能力两个角度出发，总结我国思想政治教育的课堂教学建设经验及存在的问题，深化对习近平新时代中国特色社会主义思想"进课堂"的课程教学建设研究。具体研究的问题如下：改革开放以来思政课堂教学建设的经验启示；我国思想政治教育的课堂教学建设现状分析；推进习近平新时代中国特色社会主义思想"进课堂"的方法路径。

## 第一节　改革开放以来思政课堂教学建设的经验启示

改革开放以来，思想政治教育的课堂教学建设始终聚焦"党的理论创新发展"这一主线，与国家的繁荣发展同向同行，在不同时期发挥着立德树人、铸魂育人的重要作用。总体而言，思想政治理论课改革经历了恢复与发展时期、继续加强与改进时期、深化与整体推进时期、改革与创新发展时期等不同的历史发展阶段，思政课堂教学建设改革、创新和发展的实践，既充分体现了马克思主义中国化理论创新发展的内在要求与中国社会现代化的内在要求，也体现了马克思主义中国化创新成果对思政课堂教学建设的重大引领与推动作用。

### 一　思想政治教育课堂教学建设的基本经验

改革开放以来的思政课堂教学建设历程，既充分彰显了既一脉相承又与时俱进的基本特征，也形成了坚持党对思政课堂教学建设的领导地位毫不动摇、坚持以马克思主义为指导思想一以贯之、坚持以学习党的最新理论成果为教育内容、坚持主渠道主阵地协同并进取得教育实效、坚持不断改进教学方法增强教育主体吸引力、坚持不断满足发展需要提升教育客体认同度等一系列基本经验。

### （一）坚持党对思政课堂教学建设的领导地位毫不动摇

改革开放以来，党的坚强领导既是思政课堂教学建设保持正确方向的根本前提与保证，也是思政课堂教学建设紧跟时代、持续创新的"稳定器""助推器"。中国的发展建设关键在于党的领导，同样地，思政课堂教学建设的关键也在于坚持党的领导地位毫不动摇。党对思政课堂教学建设领导力的强弱，事关社会主义办学的方向能否不偏、主流意识形态能否得到巩固、学生的全面发展能否真正落实。毋庸置疑，正是在党的坚强领导下，思政课堂教学建设才能够与时俱进并取得长足发展。习近平总书记在多次讲话中指出了党在思政课堂教学建设中的突出领导地位，为加强思政课堂教学建设作出了全盘部署，肯定了党对思政课堂教学建设的定海神针作用，为落实立德树人根本任务、扎实推动思政课堂教学建设提供了坚强保证。[①]可以说，纵观改革开放40多年思政课堂教学建设史，坚持和加强党的全面领导既是思政课堂教学建设能够在正确的方向上创新发展的"指南针"，也是新时代思政课堂教学建设更应该坚持和传承的宝贵经验。

### （二）坚持以马克思主义为指导思想一以贯之

改革开放以来，中国共产党人坚持以马克思主义为指导，团结带领全国各族人民围绕中国具体实际，进行了一系列卓有成效的探索，从而创造了人类历史上前所未有的发展奇迹。马克思主义是经过实践检验的科学真理，是中国革命、建设和改革的理论武器和行动指南，坚持马克思主义的根本指导思想地位，是贯穿于改革开放40余年思政课堂教学建设的理论主线，是中国共产党一以贯之的指导思想。在不同的历史时期，思政教育始终发挥着引领学生思想和行为的关键性作用，思政课堂教学建设只有坚持以马克思主义为指导，才能更好地引导好学生的思想和行为以符合时代发展要求，使学生主动投身到党和国家事业发展的伟大征程中来。因此，思

---

① 参见顾海良《改革开放以来高校思想政治理论课程建设论略》，《思想理论教育导刊》2008年第9期。

政课堂教学建设要始终如一地坚持马克思主义的指导地位，用马克思主义中国化的成果指导实践和引领实践，保证思想政治教育始终坚持以马克思主义为指导。

### （三）坚持以学习党的最新理论成果为教育内容

在马克思主义中国化的历史进程中，坚持将党的最新理论成果作为思政课堂教学建设的重心，这是改革开放以来思政课改革发展的重要经验之一。特别是在思政课堂教学建设的过程中，注重加强学习、充分融入、深入阐释，及时推进党的最新理论成果进教材、进课堂、进头脑工作，用党的理论创新最新成果武装头脑、指导实践。① 可以说，党的每一次理论创新都是推动思政课堂教学建设发展的重要契机与强大助力，在当前形势下，将习近平新时代中国特色社会主义思想作为中心内容，深入推进"三进"工作，是思政课改革发展的重要任务。在此基础上，切实围绕学习中的学习主体，通过实践将学习的成果更好地转化为学习的动力，转化为推动社会发展、个人成长的巨大力量。

### （四）坚持主渠道主阵地协同并进取得教育实效

改革开放以来，思政课堂教学始终是对学生进行思想政治教育的主渠道，学生群体是主要对象，思政课堂教学的改革发展始终围绕学生发展的现实需要而展开、调整、丰富与完善，这对帮助青年学生树立正确的"三观"、确立并坚定马克思主义信仰、将个人梦与中国梦有机结合起来等起着重要的作用。不难发现，思政课堂教学建设的初衷就是要在思想政治教育的过程中不断满足学生掌握马克思主义立场、观点和方法来分析问题与解决问题的需求，是为了帮助学生更好地认识和解决在学习、生活与工作中遇到的实际问题而开设的"升华思想"的必修课程。随着时代的发展，思政课在课堂教学中逐渐深化了教师与学生是课程教学"双主体"的思想认识，教师是课程教学的主体，学生是学习课程的主体。教育本身是作为"主体人"的发展，一切以为了学生主体的发展为目的和归宿，在充分激发

---

① 参见《努力培养担当民族复兴大任的时代新人——学校思想政治理论课教师座谈会与会代表热议习近平总书记重要讲话》，《人民日报》2019 年 3 月 19 日。

学生探索问题、学习知识热情的过程中，不断满足学生获取知识、成长成才的需要。同时，在不断推进思政课教育教学改革的过程中，将学习知识与思政育人相结合，努力帮助学生形成正确的思想观点和思想认识，培养学生辨别是非的能力，逐步提升学生思想道德修养，形成良好的职业操守，引导学生牢固树立"为人民服务"的宗旨意识，使其积极投身到建设中国特色社会主义的伟大事业中去。

### （五）坚持不断改进教学方法增强教育主体吸引力

改革开放以来，我国思政课教育改革注重发挥课堂教学主渠道作用，在不断探索中取得了"显性+隐性"的双重发展成果。几十年来，思政课教育改革以提升思想政治教育效果为目标，根据时代发展和社会实际对课程体系进行适时调整，不断改革，最终形成了新时代的思政课程体系，既注重课堂教学的主渠道作用，不断推进教学改革、课程体系建设，增强思政课的真理性，又在实践中探索形成了二课堂、三课堂等多渠道协同育人的机制，探索把思想政治教育融于专业课程学习、校园文化、日常实践之中，逐渐形成了"大思政"教育氛围。回顾思政课的改革发展历史，用好课堂教学主渠道，开展多渠道育人是思政课堂教学建设不断得到加强和改进的一条重要经验，特别是随着对思想政治教育认识的不断深化、对实践育人理念的更加重视，学校不断创新社会实践的方式方法，建立社会实践基地，通过志愿活动、调研活动、勤工俭学等，不断探索合力育人的实践举措，建立长效实践育人机制。

### （六）坚持不断满足发展需要提升教育客体认同度

思政课是学生教育的必修课，它既是一门专业课又是一门德育课，通常存在理论性和政治性较强，但趣味性和实用性偏弱的问题，传统和单一的教学方法容易引起学生反感。① 因此，对思政课教育教学而言，有效开展教学工作要有针对性地围绕学生学情切实改进和完善教学方法，通过多样的教学方式方法增强思政课的现实性和趣味性，在满足学生多样化需求的

---

① 参见逄锦聚《提高质量是思想政治理论课教学的生命线——以"马克思主义基本原理概论"课为例》，《思想理论教育导刊》2017 年第 9 期。

过程中，激发学生学习的积极性和主动性。与此同时，要注重社会发展的客观规律、课程的建设和发展规律，以习近平新时代中国特色社会主义思想铸魂育人、武装头脑，善于从讲政治的高度培养学生正确的价值观和社会责任感，增强课程的针对性和有效性，这也是教师上好课、发挥好作用的重要举措，在不断满足学生发展需要的过程中，提升学生对于教育客体的认同度，使其成为学习和践行马克思主义的坚定力量。

## 二 对习近平新时代中国特色社会主义思想"进课堂"的启示

立足新时代这一新的历史方位，各级学校推进习近平新时代中国特色社会主义思想"进课堂"，需要从思政课堂教学建设中汲取宝贵智慧与经验，准确把握习近平新时代中国特色社会主义思想"进课堂"的总体架构与多维面向，深刻领会内涵观点、思想理念、说理方法，进而做到把握"进课堂"的重要意义、立场视野、内在逻辑，从整体上厘清思政课堂教学建设的基本原则、主要内容与具体方法。

### （一）深刻领会内涵观点，把握"进课堂"的重要意义

在校学生是新时代中国特色社会主义建设的未来生力军，正处于思想形成的关键时期，思政课堂教学要面向学生深刻阐述好习近平新时代中国特色社会主义思想与中国历史实践的本源关系，帮助学生理解习近平新时代中国特色社会主义思想对各方面问题的具体论述具有高度的针对性和前瞻性，是新时代各项改革事业的行动指南，对于新时代中国特色社会主义建设和发展具有重要的指导和引领作用。特别是需要在充分领会"十个明确"的内涵主旨的基础上，深刻阐述好习近平新时代中国特色社会主义思想的丰富内涵，带领学生全面认识世界和中国发展大势，在深刻认识当前中国社会发展的主要矛盾和人民现实需求的过程中，讲深讲透这一中国特色社会主义建设实践中的深刻理论思考与智慧结晶，从而准确把握自身承担的时代使命。

### （二）深刻领会思想理念，把握"进课堂"的立场视野

中国共产党始终坚持以人民为中心的价值立场，中国共产党是凝聚磅

礴力量的坚强核心，人民群众是磅礴力量的不竭源泉。[①] 习近平新时代中国特色社会主义思想具有丰富要义和广泛论域，以人民为中心的价值立场贯穿始终。这一立场是马克思主义关于坚守人民立场思想的当代体现和丰富发展，这一立场鲜明地贯穿于习近平新时代中国特色社会主义思想的各个方面，这一立场从根本上直接决定着对于其他问题的评判和回应。在此基础上，我们要进一步深刻领会习近平新时代中国特色社会主义思想体现出的广阔的知识视野、国际视野、历史视野，为学习各项论断提供丰富的理论语境和比较空间。只有领悟了这些思想理念，才能在课堂教学中使学生更好地理解和运用习近平新时代中国特色社会主义思想，在以人民为中心的价值逻辑下，准确地认识和把握各项具体论述价值取向的应有遵循，拓宽自身的视野广度。

### （三）深刻领会说理方法，把握"进课堂"的内在逻辑

习近平新时代中国特色社会主义思想的方法论在抽象思维层面主要表现为辩证唯物主义和历史唯物主义。学习习近平新时代中国特色社会主义思想，从抽象思维层面就是要深刻学习领会两者的深刻内涵，以及两者是新时代社会主要矛盾变化、以人民为中心等一系列重大论断所依据的方法论前提。在课堂教学中，可以结合具体案例生动阐述习近平新时代中国特色社会主义思想中承载的永久奋斗精神、使命担当精神等品质，使学生在具体案例的学习中更为深刻地把握习近平新时代中国特色社会主义思想的方法论中蕴含的比较方法、历史方法、叙事方法、情感方法等多种说理方式。这些方式从不同的侧面赋予理性论断潜在的感性形态和感性形式，呈现思想载体本身的说服力和引领力。这也表明，只有把握思想理论逻辑，才能使学生在学习、深化理论的过程中达到预期的效果。

## 第二节　思想政治教育的课堂教学建设现状分析

经过数十年的实践探索，思政课已经发展成为学校落实立德树人根本

---

① 参见佘双好《改革开放以来高校思想政治理论课教学方法的创新发展》，《思想理论教育导刊》2018 年第 10 期。

任务的关键课程，在不断增强思想性、理论性和针对性的过程中，注重积极发挥课堂教育教学主渠道作用。尤其是党的十八大以来，以习近平同志为核心的党中央对思政课堂教学建设的重视达到了空前的高度，党中央高瞻远瞩、谋篇布局，各级各类学校认真贯彻会议精神并积极有力推进相关政策部署，思政课堂教学建设取得了显著的成效。

## 一　课堂教学建设取得的成效

近年来，各级学校在全面落实立德树人根本任务的过程中，不断凸显协同育人、全员育人的教育理念，不断探索"主渠道"与"主阵地"、"思政课程"和"课程思政"兼容并进的育人新格局，努力探索构建多元化教学模式，淘汰"水课"打造"金课"，课堂教学师生互动加强、课堂教材体系不断丰富、课堂教学方法不断创新，全面深入推动落实立德树人根本任务，努力为培养德智体美劳全面发展的社会主义建设者和接班人贡献力量。

### （一）课堂教学师生互动加强

教育部开展的有关学校的"思政课教学质量"专项工作调研结果显示："有86.6%的学生喜欢或比较喜欢上思政课，91.3%的学生表示在思政课上有或比较有收获，91.8%的学生表示喜欢或比较喜欢思政课老师。"① 思政课堂教学效果不断提高的同时，师生互动在不断地加强。一方面，师生在课堂中的关系不再是简单的主客体关系，越来越多的教师能够从学生的角度出发，在课堂教学中充分尊重学生的个性，课堂内容选择针对性的增强也提升了备课的效果，使师生之间的互动不断加强。另一方面，课堂教学的互动方式越发多样，逐渐形成了多向互动，从现场师生互动到线上师生连线，从简单提问交流到情景模拟思辨，等等。特别是随着信息通信工具与技术的发展，越来越多的班级建立了微信群、微信公众号等，进一步延长并扩大了师生互动的时间与空间，把单一的互动模式变成多向交叉的互动模式，通过师生、生生之间的互动，提高了课堂的活跃度，提高了课堂教学的效果和质量。

---

① 冯刚主编《改革开放以来高校思想政治教育发展史》，人民出版社，2018，第81页。

## （二）课堂教材体系不断丰富

近年来，思想政治理论课教材体系不断丰富。一方面，教育部规定的教材和教学大纲认真贯彻了党中央的精神要求，将马克思主义中国化的最新理论成果及时编入教材中，充分体现了教材体系的与时俱进。另一方面，在思想政治理论课建设过程中，不断强化教学资源的立体化、系统化要求，对提高思想政治理论课课堂教学效果发挥了积极的作用。"76%的思政课教师认为，辅教辅学读本编写逻辑清晰、知识内容丰富、立场观点鲜明、问题导向突出。"[①] 此外，教材内容向教学内容转变、教材体系的不断完善，为教师进行课堂教学提供了科学的理论支持和丰富的教学素材。特别注重推动以学习习近平新时代中国特色社会主义思想为核心内容的思政课程群建设，把《习近平新时代中国特色社会主义思想学习纲要》等作为教学遵循；注重"形势与政策"课精品化建设，及时深入宣讲习近平新时代中国特色社会主义思想特别是习近平总书记最新重要讲话精神，主动讲、持续讲、深入讲、生动讲，做到久久为功、入脑入心；推动学校紧紧围绕新时代坚持和发展中国特色社会主义的理论与实践，开设与思政课必修课相配套的系列选修课。

## （三）课堂教学方法不断创新

近年来，各级学校和思政课教师认真学习思想政治工作会议精神，认真落实教育部关于思想政治理论课的相关规定，根据时代的发展和学生的实际创新教学方法，使教法变得丰富多样。与过去思政课教师讲、学生听的教学方法不同的是，当前，思政课教师能够结合学生的发展和学校的实际情况，高质量、精细化、创新性地开发出一批有效的教学方法。以课堂教学为例，清华大学、北京师范大学和辽宁大学等学校分别开发出因材施教法、分众教学法和学生团体参讲式教学法等一批新的教学方法，不仅贴近学生的个性与特点、调动了学生的学习主体意识，还提高了学生的课堂投入度、参与度，让广大学生在课堂学习中不断增强体验感、获得感。同时，教育部实施的"新时代高校思想政治理论课创优行动"工作，就是为了挖掘、培育一批思政课教育教学好方法、好模式，从而更好地推动其发

---

① 冯刚主编《改革开放以来高校思想政治教育发展史》，人民出版社，2018，第65页。

挥辐射和带动作用。

## 二 课堂教学建设存在的现实难点

教育是国之大计、党之大计，思政课是落实立德树人根本任务的关键课程，如何切实发挥其至关重要而又不可替代的作用，值得学校深入思考和探究。在推动习近平新时代中国特色社会主义思想"进课堂"的教育教学建设中，也面临着思政课教学教材内容需要进一步完善、思政课教学方法改革质量需要进一步提升、思政课课堂教学供给能力需要进一步加强、思政课考核形式与标准需要进一步丰富等现实困境。

### （一）教学教材内容需要进一步完善

在思政课的课程目标规划中，重在塑造时代新人，培养担当奉献、推动社会主义发展的建设者和接班人。就目前而言，高校思政课教学供给内容主要有"思想道德修养与法律基础""习近平新时代中国特色社会主义思想概论""毛泽东思想和中国特色社会主义理论体系概论""马克思主义基本原理概论"等。思政课教学供给呈现出供给内容的重复性，这体现在两个方面：一个是纵向重复供给，即高校思想政治理论课与初中、高中思想政治课之间的供给；另一个是横向重复供给，即不同思想政治课、不同学位之间的供给。在纵向衔接方面，博士研究生思政课供给内容"中国马克思主义与当代"与硕士研究生思政课供给内容"中国特色社会主义理论与实践研究"以及本科生思政课供给内容"毛泽东思想和中国特色社会主义理论体系概论"多处重复。在横向贯通方面，"中国近现代史纲要"中阐述民主革命阶段的部分内容与"毛泽东思想和中国特色社会主义理论体系概论"中所阐述毛泽东思想的相关内容存在重复。这就意味着，当前思政课教学供给存在内容重复、相近等情况，由此也导致知识供给总量与质量存在相对"失衡"，各个阶段的教学内容缺乏应有的递进逻辑与升华，反复"炒冷饭"容易造成大量教学资源浪费，也在一定程度上影响了学生对于学习思政课的兴趣与热情。[1]

当然，教材是进行思政课教学的依据，国家统一规划与编写思政课教

---

[1] 参见唐世刚、杨江民《高校思想政治理论课教学理论与实践创新研究》，重庆出版社，2015，第98页。

材，为科学、有效地进行思政课教学提供了保障。但如果原封不动地照本宣科、不结合具体实际，将大大降低教育教学的传导质量，难以取得学生的认可和获得良好教学效果。因此，教材内容在教学过程中要经过教师的处理，推动教材体系生动、具体地向教学体系有效转换。思政课教材体系的转换给予了教师发挥主体性和进行因材施教的空间，但也可能会出现一些教师难以做到有机结合教材，甚至是偏离、脱离教材的情况。

### （二）教学方法改革质量需要进一步提升

思政课的教学在实践与发展过程中已经形成了发挥教师的主导性与激发学生的主体性相统一的宝贵经验和原则。不过，在思政课教学中仍然存在一些将两者关系割裂开的现象，集中体现在教师主导性发挥过度或不够两个方面。例如，有的思政课教师对学情分析不够，形成了不区分学生差异性的单一化教学；有的课堂学生参与性与互动性有待提升，出现了教师单向式的"满堂灌"和自我"表演"现象。这些现象在一定程度上说，是教师主导性发挥过度和学生主体性发挥不足的表现。相反的是，有的思政课片面、过度强调激发学生的主体性，而对学生的教育引导不够，这实质上导致了教师在教学中的主导性作用发挥不够充分。例如，在一些课堂教学中，过分强调学生的"自主"地位，将表演式、辩论赛式、翻转课堂式等教学方法，当成让学生自由探索和发挥的不二法宝，导致思政课教师的教学引导明显缺位、总结提炼定位不强，甚至让一些课堂教学变成了学生的"自嗨式娱乐"。总之，当教师成为伴奏者、旁观者而不是主导者时，思政课教学就很有可能变成缺乏教学性的教育活动、交往活动，使得教学性被"掩盖"。

目前，部分思政课教学把学生需求侧改革创新作为努力方向，片面强调满足学生需求与偏好的重要性，过分迎合学生的内在诉求，以他们的喜爱偏好为开展教学的重要指标依据，将思政课教学改革手段与改革目标混为一谈，出现教学方法大于教学内容的现象，忽视供给侧自身必须具备的思想力、引领力、创造力和影响力，背离思政课的教书育人宗旨，影响思政课教学的效果。[1] 这样的思政课，从表面上看其教学方法和手段别具匠

---

[1]　参见杨岚《多元文化背景下高校思想政治理论课学习评价创新研究》，《思想理论教育导刊》2017 年第 5 期。

心、课堂氛围活泼宽松、学生融入意识增强，但这只是在形式上的"面子工程"，并没有从质的层面真正推动思政课的教学创新，形成了"面子"轰轰烈烈、"里子"混乱无序的局面，自然难以完成思政课教学改革大任。从教学效果上看，学生的主体地位其实也并未得到真正确立，一些走马观花式的体验方式，缺少足够的参与度与融入度，很难让青年学生的理论知识、思想意志、态度情感、能力格局等得到提升，思政课的教学质量自然也就不高。

### （三）课堂教学供给能力需要进一步加强

思政课是系统地进行马克思主义理论教育和党的创新理论教育的手段，是用习近平新时代中国特色社会主义思想铸魂育人的课程，因而具有很强的理论性、思想性、真理性。[①] 通常而言，教学的认知特性是指教学通过传递知识与理论等来帮助学生认识发展的活动性质，是教学的核心特性。这一特性要求教师将科学的思想传授给学生，以先进的理论武装学生头脑，以提升其认知能力。如果思政课的认知特性不够鲜明，与教育的边界变得模糊，就有可能产生泛教育的倾向。例如，有的思政课教师在课堂上洋洋洒洒地讲述了自身的情感经历、人生阅历、处世之道等，但在观点理论提升和教育引导方面相对不足，教学内容的理论性、逻辑性、系统性不够突出；有的教师以政治宣传、道理灌输代替学理分析，弱化了政治性内容的理论说服力等。

不可忽视的是，部分学校存在形象相对刻板、权力过度集中、激励相对不足、公平存在缺失、同质化现象凸显等评价体系问题，导致一些思政课教师存在重学术研究而轻教学赋能、重理论素养而轻实践锻炼的倾向。特别是对于年轻的思政课教师而言，其面临着巨大的现实生活与科研晋升考核压力，往往不得不在政策导向的驱使下以科研产出为主要追求目标，从而将课堂教学效果提升放在了次要的位置，使得其教学供给能力尚有欠缺。[②] 此外，全媒体时代的到来、信息技术的日新月异、知识获取方式多元

---

[①] 参见康沛竹、艾四林《思政课改革创新的"八个相统一"》，《人民论坛》2019年第13期。

[②] 参见佘双好、周江平《思想政治理论课教学方法研究现状、特点及发展趋势探析》，《思想教育研究》2017年第12期。

化与便捷程度的提高，极大地改变了教学对象的思想观念，他们对思政课教师在课堂教学中的内容、方法、载体、模式、手段等方面的主导能力提出了更高的期望和要求，传统的教学内容与方式显然都已经难以满足当前学生的学习偏好与倾向，导致课堂教学效果大打折扣。也就是说，当前思政课教师供给能力与学生需求侧对思政课教学的美好期待之间，还存在较大的差距需要弥补。

### （四）考核形式与标准需要进一步丰富

一般而言，课程考核是对学生一段时期内课程学习情况的检验，它能够反映学生对于课程的学习情况，针对不同的学科，通常也会有不同的考核方式，而目前思政课课程考核以闭卷考试为主。一项调查报告显示，有57.69%的学生表示自己的思政课老师采用闭卷考试的形式，28.85%的思政课老师采用开卷考试的形式，而以论文及课堂展示为考核方式的相对较少，分别占10.1%和3.37%。① 由此可知，思政课的考核方式与大多数专业课考核方式是类似的。闭卷考试是当前我国最普遍的一种考核方式，这种考核方式在某种程度上存在一定的弊端，它虽然能够很好地检测学生是否记住课程内容及知识点，"但这种评价方式不能对学生态度的转变、行为的养成，以及思想政治品德的发展作出全面、准确的评价"②。

虽然学生乐于接受简单化的考核方式，但是也能意识到这种考核方式仅仅是帮助自己获得学分，对于接受知识用处不大。有学生表示，学校在思政课考核的时间节点上普遍注重期末考核，而在考核方式的选择上大多数采用闭卷考试的方式，学生针对这种考核方式，大多采用"临时抱佛脚"的应对方式，这种方式对于学生接受知识往往起不到太大的作用，很多学生都表示，对于课本知识点往往是"考前背、考后忘"，甚至有受访者提到，"对于思政课的态度就是考前临时抱佛脚，疯狂背诵知识点，谁背得多记得牢谁就能得高分，考试结束了所有的知识也就烟消云散了"③。相对于

---

① 参见程博《"供给侧改革"视域下高校思政课教学质量提升策略研究》，硕士学位论文，华东政法大学，2020。
② 参见顾海良等《高校思想政治理论课程建设研究》，经济科学出版社，2009，第177页。
③ 参见程博《"供给侧改革"视域下高校思政课教学质量提升策略研究》，硕士学位论文，华东政法大学，2020。

闭卷考试，学生更倾向于开卷考试、撰写小论文、进行课堂展示等考核方式，他们认为，这些方式往往能更好地激发学生的自主性、融入性，仅有16.59%的学生认为最好的考核方式是闭卷考试。因此，思政课的课程考核供给要结合学生发展情况，设计出合理的、适合学生并且学生乐于接受的考核方式，进一步优化考核方式迫在眉睫。

## 三 课堂教学建设现状的原因分析

总体而言，思政课遵循学生认知规律设计课程内容，体现了不同学段特点，宏观上做到了以政治认同、家国情怀、道德修养、法治意识、文化素养为重点，以爱党、爱国、爱社会主义、爱人民、爱集体为主线，系统开展马克思主义理论教育①，但由于学生对思政课的重视程度有待提高、网络泛娱乐主义对主流意识形态的冲击、思政课课堂教学受传统教育理念影响很深等原因，其在系统进行习近平新时代中国特色社会主义思想和中华优秀传统文化教育、社会主义核心价值观教育、中国梦教育等过程中面临诸多困境。

### （一）学生对思政课的重视程度有待提高

近年来，随着党和国家为思政课建设出台了一系列方针政策，各级学校不断探寻思政课的改革之路，思政课迎来了新的历史发展机遇期。但是不可否认的是，部分学生对思政课的认识比较片面，对思政课的重视程度不够，在课堂学习中缺乏学习的热情和动力。一方面，部分学生认为和专业课相比，思政课对自己未来的工作和生活不会产生重大影响。学生由于缺乏社会实践机会，往往更加注重对于专业知识的学习和专业技能的训练，容易忽视自身各方面能力的全面提高，从而忽视思政课对其树立正确世界观、人生观、价值观的指导作用，忽视思政课在提高其道德素养和综合素质方面的促进作用。另一方面，部分学生认为思政课考核难度较低，无须过多投入精力学习。在思政课教学过程中，思政课教师多采用闭卷考试、开卷考试以及撰写小论文的形式对学生进行考核，这些考核形式都比较注

---

① 参见江大伟《新时代高校思想政治理论课的整体性》，《吉首大学学报》（社会科学版）2020年第2期。

重对学生理论知识掌握情况的考察。针对常见的考核形式，学生往往只需要在临近期末时突击背诵，便能完成考核甚至取得较高分数，导致学生容易忽视对马克思主义理论的深入思考与理解吸收，忽视思政课提高其思辨能力和解决实际问题能力的潜在作用。此外，部分学生认为思政课的课堂教学内容与之前所学知识存在部分重复，难以持续激发学习兴趣和热情，逐渐丧失了提高学习成效的动力。当代学生都是网络"原住民"，他们处在信息传播高度发达的时代，学习渠道多样，对新事物充满着好奇。思政课的课堂教学运用的教材部分内容与中学教材内容重复，不同课程教材内容又存在交叉重复，重复的教学内容不能满足学生学习的需要，使其学习兴趣和学习热情大大降低，部分学生甚至认为可以依靠中学知识通过考试考核，极大地影响了思政课的课堂教学效果。

### （二）网络泛娱乐主义对主流意识形态的冲击

随着移动信息技术的快速更新与迭代，信息的传播模式和传播格局发生深刻变革，网络空间呈现出平台多元化、内容定制化、受众原子化、叙事碎片化等特征，为泛娱乐主义的滋长与盛行提供了外在条件。正如美国学者尼尔·波兹曼在《娱乐至死》一书中所指出的那样，"一切公众话语都日渐以娱乐的方式出现，并成为一种文化精神。我们的政治、宗教、新闻、体育、教育和商业都心甘情愿地成为娱乐的附庸，毫无怨言，甚至无声无息，其结果是我们成了一个娱乐至死的物种"[①]。所谓网络泛娱乐主义，是指以娱乐为最高宗旨，以资本利益为目标导向，经由互联网载体传播，通过无限放大娱乐属性进行内容创作或滥情表演，使人们获得心理快感的一种社会思潮。网络泛娱乐主义实质上是一种以消费主义和享乐主义为核心的意识形态，并依托互联网及其信息化手段来设置议题，企图通过将娱乐属性扩充至非常广泛的领域，以达到迷惑网络受众、控制话语走向并且获取商业利益的目的。

相较于传统娱乐而言，网络泛娱乐主义的隐蔽性、欺骗性和危害性较强，传播手段更为复杂多变。从横向上看，它打破了娱乐本身的边界，将娱乐扩散至更为广泛的系统领域和范围界限；从纵向上看，它突破了娱乐

---

① 〔美〕尼尔·波兹曼：《娱乐至死》，章艳译，中信出版社，2015，第4页。

应有的底线，引发了过度娱乐的热潮，甚至将娱乐异化为资本逻辑主导下的一种操纵手段。简言之，网络泛娱乐主义在互联网场域掀起了万事万物"娱乐至死"的魔幻热潮，并呈现出一些不同以往的新表征。部分青年大学生由于社会经验不足，明辨是非能力还待提升，极易受此影响。因此，思政课作为铸魂育人的主渠道，必须主动出击、精准施策，从网络用户的个人涵养方面入手，不断提高网络用户的辨识能力，增强网络用户的思想政治水平，使得他们不仅能够自发，还能够自觉地对网络泛娱乐主义进行抵制。

### （三）思政课课堂教学受传统教育理念影响很深

在思政课的课堂教学中，中国传统教育理念中以教师为中心、教师是课堂权威的刻板观念依然根深蒂固，成为在新时代持续提高思政课教学质量和效果的一大阻碍。一方面，在思政课的课堂教学中，部分思政课教师仍然主要沿用传统的单向式灌输式教学，忽视探索符合学生需求和教学要求的启发式教学方式的运用。部分思政课教师在课堂教学中一味强调自己的主导地位，按照自己的教学进度将思想政治理论知识照本宣科地灌输给学生，这其实是一种机械的教学方式，既没有主动结合学生的实际情况，也在客观上脱离了学生的理解能力和接受能力。思政课教师在课堂教学中不注重对学生的实际情况和实际需要进行分析，不能通过充分展示马克思主义理论的内在魅力来启发学生主动思考，引导学生积极参与，只注重思想政治理论的单向灌输，势必会制约学生独立思考、自由探索的积极性，不利于学生将思想政治理论转化为能够指导其实践活动的价值体系和信仰体系。另一方面，在思政课的课堂教学中，部分思政课教师依然片面地坚持"教师中心论"，不能与学生建立平等的对话关系。在思政课的课堂教学体系中，学生已经从课堂客体地位转变为学习主体地位，不只是知识的学习者，也是知识的发现者；思政课教师依然居于主导地位，但同时也要学会在平等互动中教学，更好地启发、诱导、帮助学生积极主动学习，二者处于和谐平等的对话关系中。[①] 但是在实际教学过程中，思政课教师依然是

---

① 参见黄冰凤《"微时代"高校思想政治理论课教学模式创新的研究》，硕士学位论文，重庆大学，2018。

课堂教学中的权威力量，教学活动依然是以思政课教师的"讲"为主，思政课教师是讲台上的表演者，学生单纯成了教师的聆听者，而不是教学活动的参与者。当代学生，尤其是以"00后"为主体的青年一代，他们的思想认知具有独立性与片面性、判断性与自我性相结合的特点，思政课教师如果不能在教学中运用平等的对话方式了解学生的实际需要，就很难在学习互动中激发他们的学习兴趣和热情，就会影响到学生主动探索、积极参与的程度与力度，势必对新时代、新形势背景下思政课的教学效果提升产生影响。

## 第三节 推进习近平新时代中国特色社会主义思想"进课堂"的方法路径

2019年，习近平总书记提出讲好新时代的思想政治理论课必须做到"八个相统一"，即坚持政治性和学理性相统一，坚持价值性和知识性相统一，坚持建设性和批判性相统一，坚持理论性和实践性相统一，坚持统一性和多样性相统一，坚持主导性和主体性相统一，坚持灌输性和启发性相统一，坚持显性教育和隐性教育相统一。[①] 这"八个相统一"是对长期以来思政课建设形成的规律性认识和成功经验的总结，是对思政课重点难点问题的深刻回答，更是推进习近平新时代中国特色社会主义思想"进课堂"，用好课堂教学这个主渠道主阵地，满足学生成长成才需要，提升思政课课堂的亲和力和针对性，实现新时代思政课教学改革创新的根本遵循。

### 一 坚持政治性和学理性相统一，确保政理同向

思想政治理论课虽然具有鲜明的政治性，但其教育目标和教学内容绝不是简单地喊政治口号，而是开展科学的知识教育和理论传播，因而具有深厚的学理意蕴和学术内涵。当前，思政课改革创新存在一些困难，如有人认为思政课在实际教学过程中过于突出政治性而忽视了其背后的学术准则，也就是说思政课应该强调学理性的重要意义。但实际上，人们对于思政课政治性的这样一种模糊认识，恰恰是深入推进思政课改革创新的最大

---

① 参见习近平《思政课是落实立德树人根本任务的关键课程》，人民出版社，2020，第17~23页。

障碍，要实现思想政治理论课的良性发展，必须从真正意义上坚持政治性和学理性相统一，不能顾此失彼，只有这样才能更好地应对思政课教学实践中遇到的诸多挑战。

### （一）思政课政治性和学理性的基本内涵

政治性是思想政治理论课的本质属性。思想政治理论课承担着培养社会主义事业建设者和接班人的政治任务，是落实立德树人根本任务的关键课程，因此，它具有鲜明而深刻的政治属性。同时，思政课不仅要突出政治性，还要彰显学理性，因为马克思主义兼具价值性和科学性，而它的科学性集中体现在它的学理性上，彰显学理性即要在教育教学的过程中揭示事物的本质和规律，阐明事物的演进逻辑，以及道清认识事物的科学方法等。有时候，人们对马克思主义的认识局限在政党意识形态或价值观层面，但实际上，在马克思主义指引下形成的毛泽东思想和中国特色社会主义理论体系并不是凭空捏造或主观臆想的，而是对我国革命、建设和改革的经验总结与理论概括。对于思政课学理性的认识，不能局限在文本的应用，或者说一种道理、价值观的逻辑演绎上。科学把握思想政治理论课政治性和学理性的统一，对于深化思政课的目标、任务、演进逻辑等的认识以及推进思想政治理论课改革具有重要的现实意义。

### （二）政治性和学理性相统一的重要原则

思政课是意识形态鲜明的课程，必然要在教学中坚持以习近平新时代中国特色社会主义思想为指导的鲜明政治导向和要求，只有这样才能贯彻落实思政课所具备的政治性的根本要求，这是思政课与其他课程的本质区别。同时，思政课作为一门政治性鲜明的课程，有其自身的学科归属和学理支撑，不能仅仅停留于政治理论的传达式说教，这既不利于思想的内化吸收、贯彻落实，也不利于这一课程背后的学理性的彰显，这就要求我们以学术性为支撑，尤其是在教育教学中要用科学真理、现实逻辑、客观规律讲清楚、讲明白、讲透彻，运用其背后蕴藏的学理性讲好政治目标、讲清逻辑内涵、讲透现实实践。因此，坚持政治性和学理性相统一，就是要深刻理解和领悟思政课的政治性和学术性，用政治统率学术，以学术支撑政治，二者是相互联结、不可分割的。

一方面，要坚持政治引领为要，全方位融入思政育人。思政课教学承担着思想引领的功能任务，主要培养运用马克思主义立场观点方法分析解决重大理论问题和现实问题的思维能力。这就要求在思政课教学中实现学理性和政治性的统一，做到因势而新、顺势而变，即精心开展议题设置、平实导入政治概念、生动阐释科学理论，既要注重理直气壮讲政治，又要始终坚持讲究理论科学性，严格遵循辩证唯物主义和历史唯物主义方法论，做到讲理论有血有肉、讲政治润物无声。①

另一方面，要把握学术理论原则，贯彻落实使命任务。思政课教学承担着传授理论知识的功能任务，主要是传授马克思主义基本原理及其中国化的理论成果。这要求思政课教师在教学中努力提升自身的专业素养，尽快养成用学术话语讲政治的职业习惯，在讲透理论、揭示真理、阐明思想的过程中，将马克思主义的科学性、实践性、人民性、革命性等主要特征与思政课的课堂教学有机结合起来。

### （三）政治性和学理性相统一的实践路径

思政课教师只有在思政课教学中坚持政治性和学理性相统一，才能切实提高思政课的实效性和针对性。

一是思政课教师要真学、真懂。思政课课堂教学要展示好理论的魅力、真理的力量，只有这样才能达到预期的教学效果，实现真正意义上的教书育人、引导学生，而实现这一目标的首要条件是思政课教师要做到真学和真懂马克思主义。思政课教师作为思政课教学的一支常备队伍，要有扎实的专业知识，不断加强理论学习，通过深耕原著、深剖原理，灵活地运用马克思主义的立场、观点和方法来思考与解答现实问题；马克思主义理论内涵深刻丰富，常学常新，思政课教师要以一种系统、全面的视野学习马克思主义，学会用辩证唯物主义和历史唯物主义的观点看待、分析问题，掌握课程的最新理论知识和国家的政策方针，创新课堂教学模式，使学生有更多的获得感。

---

① 参见向红《践行"八个相统一"打造新时代思政"金课"》，人民网-中国共产党新闻网，http：//theory. people. com. cn/n1/2019/0520/c40531-31093639. html，最后访问日期：2024年3月8日。

二是思政课教师要真信、真讲。思政课教师是思想政治教育内容的主要传递者，立德树人根本任务的践行落实必然要依靠思政课教师这一主体。高度的政治觉悟是思政课教师的核心素养，只有具备纯洁和坚定的理想信念，始终信仰马克思主义，持续深入学习习近平新时代中国特色社会主义思想，才能在大是大非面前保持清醒的头脑，才能做到信道、明道、传道，把正确的思想和观念传递给学生，把学生培养成符合社会发展需要的人才。

三是用习近平新时代中国特色社会主义思想铸魂育人。习近平新时代中国特色社会主义思想是马克思主义中国化的最新理论成果，思政课教学的实效性必然要通过最新的理论成果来呈现。理论的探索和创新总是与时俱进的，这表明，思政课教师要不断学习、领会和把握习近平新时代中国特色社会主义思想的丰富内涵，在推进教育教学的动态发展中学习领会和广泛传播，实现思政课的常讲常新。思政课教师情怀要深、人格要正、自律要严，要时刻关注时代和社会的发展，从中汲取知识，要有无私的道德情操，树立无私奉献的人生理想，养成良好的师德师风，用人格魅力吸引学生，用丰富学识引导学生。

## 二　坚持价值性和知识性相统一，促进有机融合

价值性和知识性是思想政治理论课的双重属性。思政课致力于培养的时代新人，既要具备拥护中国共产党领导和我国社会主义制度的政治觉悟，又要有为实现中华民族伟大复兴中国梦的伟大事业奋斗终身的能力才干。坚持价值性和知识性相统一，对于提升思想政治理论课教育教学质量、切实推动思政课建设内涵式发展、培养符合时代发展需求的青年人才具有不可估量的重大意义。

### （一）思政课价值性和知识性的基本内涵

价值是客体具有的能够满足主体需要的一种属性。从教学目标来看，思想政治理论课既致力于丰富学生的知识和提高学生的能力，又注重引导学生树立正确的情感态度和价值观念，价值引导是思想政治理论课价值性的独特体现。青年时期是培育和确立价值观的关键时期，而对"培养什么人、怎样培养人、为谁培养人"这一根本问题的回答，为思政课的价值引导指明了确切方向。毋庸置疑，思想政治理论课要通过教育教学引导学生

坚定信仰信念，进而在坚定信仰信念的基础上不断增强对党的领导的信任，不断增强对社会繁荣发展和社会主义现代化建设的信心，培养造就中国特色社会主义事业合格建设者和可靠接班人。思政课程是开展立德树人教学活动的载体，教师在教学活动中给学生讲授知识，使其形成必备的价值素养，其中知识是支撑课程的基础，课程的知识性是以系统的知识为基础、以知识传授为方法手段、以知识积累传承为目标方向的。思政课以马克思主义科学世界观、方法论引导青年学生坚定马克思主义立场和共产主义信仰，以党领导人民革命、建设、改革的历史实践教育青年学生坚持走中国特色社会主义道路，以社会主义道德规范和法律体系帮助青年学生养成集体主义价值观念和法治思维，以党的科学理论赢得青年学生拥护党的领导。也就是说，从教学目标到课程内容，思政课无不彰显了价值性和知识性的双重属性。

### （二）价值性和知识性相统一的重要原则

思政课是触动心灵的课程，坚持价值性和知识性相统一既是思政课的基本目标也是思政课的基本要求。新时代落实立德树人根本任务的关键环节是用社会主义核心价值观铸魂固本，核心目标是塑造好学生的价值观。

一方面，要以知识传授为手段，实现价值引领的目标。思政课教学要在阐述好习近平新时代中国特色社会主义思想所蕴含的时代价值的同时，将真善美的种子播撒在学生的心灵土壤里，不断帮助学生在多元多样的社会思潮和鱼龙混杂的社会事件中，清醒地辨别何为"真善美"和"假恶丑"，进而学会作出正确的价值判断、价值选择和价值行为。思政课教师要在知识传授中注重发掘积极正面的价值观内涵，将价值观培育、引导和塑造渗透于知识传授各个环节之中。

另一方面，要紧扣时代发展趋势，提高价值培养的融入度。要顺应新时代教育改革新趋势，充分实现"思政课程"与"课程思政"的协同并进，协同其他学科的教师营造全员育人氛围，在课堂教学的整个过程中既要注意价值观培育塑造的融入性，又要及时感知、有效利用"互联网+"时代信息传递与获取的开放性、自由性、时效性等特征，提取能够引领增强"四个意识"、坚定"四个自信"、做到"两个维护"的价值信息，实现对学生进行价值引导与知识传授的有机融合。

### （三）价值性和知识性相统一的实践路径

课堂作为学校神圣的育人场所，是传道授业、教书育人、立德树人的重要阵地。无论是传道授业、教书育人，还是立德树人，都充分体现了课堂知识教育与价值教育相统一的内在要求。需要指出的是，教育教学是一个涉及多方面的综合体，思想政治理论课建设也是一项系统工程。主体、客体、内容、方法既是思想政治理论课的关键要素，也是推动思想政治理论课创新发展的着力点，为实现价值性和知识性相统一提供了整体思路和可行路径。①

一要深化教师价值引导和知识传授相结合的理念。首先，要在教师思想中实现二者的统一，为在具体教学实践中落实这一理念打下思想基础。思政课教师要通过有意识地增强内在思考和外在引导，深化价值引导和知识传授相结合的理念。具体而言，思政课教师要有意识地在自身工作、学习与思考中深化理念认识，特别是在把握学生需求、学科属性再认识、课程内容再学习等过程中深化价值引导和知识传授相结合的理念，并在整体梳理把握的基础上，通过再归纳、再分类、再认识教材内容领会中央精神，在理论印证中深化认识。

二要探索教学内容中价值观和知识点的深度融合。对于思想政治理论课来说，教学内容是教师进行价值引导和知识传授的基本依据，是学生学习知识内容和形成价值观念的基础素材。从教学内容的角度来看，坚持思想政治理论课价值性和知识性相统一，要从教学内容中的价值观和知识点入手，挖掘、提炼出二者的契合点，进而探索二者之间的深度融合，实现价值引导与知识传授相互交融。也就是说，既要将价值引导融入知识点之中，让学生自然而然地理解、认同并内化，又要将知识传授融于价值观之中，不断激发学生深入学习探究的热情信心和发展推进的内生动力。

三要在创新课堂设计和教学方法中加强二者的统一。科学合理的课堂设计和教学方法是提高教学质量、实现教育目标的重要保证，在激发学生学习兴趣、提高学生的课堂专注度中发挥着重要作用。从思想政治理论课

---

① 参见冯刚、高静毅《新时代高校思想政治理论课建设发展的四个重要问题》，《学校党建与思想教育》2018 年第 15 期。

价值性和知识性维度思考，持续开发创新课堂设计、教学方法、展示形式等，对于实现思政课价值性和知识性相统一具有重要意义。具体而言，思想政治理论课可以在课程设计中加入实践、活动环节，围绕具体的主题内容在学时分配、衔接形式等方面细化设计、形成机制，在深度融合和优势发挥中加强价值引导和知识传授的统一。

### 三　坚持建设性和批判性相统一，涵养辩证思维

习近平总书记在学校思想政治理论课教师座谈会上强调："坚持建设性和批判性相统一。思政课的任务是传导主流意识形态……直面各种错误观点和思潮。"① 各级学校应以马克思主义的立场、观点和方法为指引，不断提高教师驾驭思政课建设性和批判性的能力，在实践教学中深化学生对思政课建设性和批判性的认识，创新运用新媒体技术，搭建思政课建设性和批判性相统一的有效载体。

#### （一）思政课建设性和批判性的基本内涵

思想政治理论课是学校进行社会主义意识形态教育的主渠道，具有较强的意识形态属性。思政课既要做好思想理论武装、正面宣传教育，引导学生树立正确的理想信念和价值认识，也要理直气壮地与不良社会思潮和错误观点作斗争，提高学生的理论认识水平和批判思维。在中国特色社会主义新时代，强调思想政治理论课教学要坚持建设性和批判性相统一，并不是人们的主观臆想，而是有着深厚的现实基础和哲学依据。习近平总书记强调："做好高校思想政治工作，要因事而化、因时而进、因势而新。"② 当前，在全球化、信息化和网络化背景下，我国意识形态领域情况复杂多变，思政课作为我国社会主义意识形态教育的主渠道和主阵地，在教学中坚持建设性和批判性相统一，对在多元思想文化的交锋中统一思想、凝聚共识，具有重要的现实意义和理论价值。总而言之，坚持建设性和批判性的辩证统一，对于巩固学校意识形态安全、培养担当民族复兴大任的时代新人、激发思政课改革创新的内生动力、凝聚起强大的社会主义建设磅礴

---

① 习近平：《思政课是落实立德树人根本任务的关键课程》，人民出版社，2020，第19页。
② 《习近平谈治国理政》第2卷，外文出版社，2017，第378页。

伟力具有至关重要的意义。

## （二）建设性和批判性相统一的重要原则

任何事物的发展都有其两面性。新时代背景下，如何运用批判性的反思与警示作用来发挥建设性对改革与发展的积极作用，既是运用唯物辩证法来实践"肯定"与"否定"的辩证和统一的内在要求，也是思政课教育教学必须遵循的一般规律。毋庸置疑，思政课教学就是要推进学习习近平新时代中国特色社会主义思想，传播真理、讲清道理、明晰事理，给人以真善美和正能量，这是建设发展与批判改革兼顾的重要主线。但同时也不能忽视，科学真理往往与谬误思潮相比较而存在，在相互斗争中得以不断发展，在相互交锋中持续传播，这也是真理发展的一般规律。

一方面，要善于总结成功经验，汇聚起发展伟力。习近平总书记指出，"中国共产党一经诞生，就把为中国人民谋幸福、为中华民族谋复兴确立为自己的初心使命"①。在思政课教学中，要讲好在党的坚强领导下，我们始终坚持马克思主义指导地位、中国共产党领导和中国特色社会主义，全国各族人民持续奋斗，坚持深入推动改革开放，实现全面建成小康社会奋斗目标，并取得了历史性地解决绝对贫困问题等诸多举世瞩目的历史性成就，引导学生正确认识世情、国情、党情。

另一方面，要敢于批判斗争，提高明辨是非能力。面对意识形态领域存在的各类错误思潮的对抗冲击，在思政课教学中要敢于理直气壮地运用习近平新时代中国特色社会主义思想，与当前社会思潮中出现的错误观点、错误价值进行直接交锋，善于运用马克思主义经典文本理直气壮地展开学理意义上的激辩与对抗，特别是敢于同一切"假恶丑"的东西作积极斗争，帮助学生做到敢于交锋、善于批判、勇于斗争，同一切歪曲事实、片面否定的政治思潮作斗争，不断提高明辨是非的能力和水平。同时，要善于进行自我剖析与批判，辩证、客观地对党和国家事业中存在的问题、矛盾等进行合理分析、讨论，总结提炼出有效的风险规避点与改正措施。唯有如此，才能坚持建设性与批判性相统一，才能有效提升青年一代的政治定力，持续巩固马克思主义在中国社会意识形态领域的指导地位。

---

① 《习近平著作选读》第 2 卷，人民出版社，2023，第 477 页。

### （三）建设性和批判性相统一的实践路径

面对当前深刻复杂的国际国内形势，在纷繁复杂社会思潮的较量和冲击下，怎样引领广大青年学生在这场没有硝烟的战争中站稳立场，是思政课必须面对的现实课题。各级学校必须牢牢守住思想政治教育这个主阵地，牢牢掌握意识形态教育的话语权，积极探索思政课坚持建设性和批判性相统一的新路径，不断提高思政课的质量，构筑好中国特色社会主义的精神长城。

一是把握建设性和批判性相统一的科学方向。意识形态领域是一个多元化、开放式的阵地，如果马克思主义不去主动占领、引导，非马克思主义或带有西方资本主义的思潮就会粉墨登场，企图占据主场或混淆视听。对待科学的理论必须有科学的态度，思政课教学要加强对西方社会思潮的辨别与研究，厘清这一思潮背后的逻辑理路，准确把握各种社会思潮与观点产生和传播的社会历史背景、潜在风险，深入研究和把握各种社会思潮和观点，采取扬弃的态度在汲取科学先进的文化成果的同时坚决防御消极有害的文化垃圾，抵制各类腐朽落后的思想文化，帮助学生在社会主义核心价值观的指导下，坚决抵制各类不良社会思潮和错误思想的侵蚀。

二是提高思政课教师对建设性和批判性相统一的驾驭能力。思政课不同于一般专业课程，其在授课内容、授课方式以及教育对象等层面具有课程本身的独特性，对思政课教师提出了更高的要求、对思政课教学提出了诸多挑战，必须不断加强思政课教师对建设性和批判性相统一的驾驭能力。思政课教师不仅要把课程知识讲深、讲透、讲实、讲好，还要善于理论联系实际、辩证统一。

三是深化学生对建设性和批判性相统一的正确认识。各种社会思潮之所以会引起学生的关注，甚至得到部分学生高度的价值认同，深层的原因是一些青年学生缺乏对党史和国情的深刻认识。[①] 要在课堂教学中做到建设性和批判性相统一的基础上，积极引导学生通过深入基层实践，在实践感悟中了解真实的国情与社情，增强对中国特色社会主义伟大实践的直接体验，并充分依托新媒体新技术，采用适合学生思想行为特点的传播方式，

---

① 参见冯刚《探索思想政治教育发展的内生动力》，人民出版社，2017，第 186 页。

激发青年一代对于当代中国的自豪感。

## 四　坚持理论性和实践性相统一，强化知行合一

习近平总书记在学校思想政治理论课教师座谈会上强调："坚持理论性和实践性相统一。思政课要用科学理论培养人，遵循不同学段学生的认知规律，把马克思主义基本原理讲清楚、讲透彻。同时，马克思主义是在实践中形成并不断发展的，要高度重视思政课的实践性，把思政小课堂同社会大课堂结合起来，在理论和实践的结合中，教育引导学生把人生抱负落实到脚踏实地的实际行动中来，把学习奋斗的具体目标同民族复兴的伟大目标结合起来，立鸿鹄志，做奋斗者。"① 思政课要实现理论性和实践性的统一，就是要在教学过程中讲清理论内在逻辑，讲通和讲明实践探索，在两者的结合中实现思政教学的目标，提升思政课教育教学的实效。

### （一）思政课理论性和实践性的基本内涵

理论性是思想政治理论课的鲜明属性。思想政治理论课之所以被称为"课程"，是因为它同其他一般课程一样，具有内在的研究范畴、推理范式与逻辑架构，即理论性是其立身之本。但与其他一般课程不同的是，思想政治理论课以思想素质、政治素养、道德品质为指向，触及的是世界观、人生观、价值观等价值思想问题，这就意味着思想政治理论课要触动心灵、赢得信任，必须在教学过程中凸显自身的理论魅力，彰显先进思想的伟力。实践观点是马克思主义哲学基本的、首要的观点。思想政治理论课的实践性是马克思主义实践观在思想政治理论课教学中的具体化，既具有特殊的指向意义，也具有特定的内涵实质。作为落实立德树人根本任务的关键课程，思想政治理论课承担着传播马克思主义理论的职责使命，核心目的是促进育人功能的实现，引导学生运用马克思主义的立场、观点、方法来理解、分析、解决现实问题，并从内在提升层面涵养良好的行为习惯。思想政治理论课要坚持以马克思主义及其中国化理论创新成果引导学生培育和践行社会主义核心价值观，以党领导人民革命、建设、改革的历史实践帮助学生更加坚定中国特色社会主义的信念信心，既是一种带领学生提升认

---

① 习近平：《思政课是落实立德树人根本任务的关键课程》，人民出版社，2020，第20~21页。

识的过程，也是一种关联、转化"主观"与"客观"能动关系的实践探索过程，体现了实践性是思想政治理论课的内在属性品质，旨在培养兼具马克思主义理论素养与创新发展实践能力，能够坚定地承担起实现中华民族伟大复兴大任的时代新人。

### （二）理论性和实践性相统一的重要原则

习近平新时代中国特色社会主义思想是当代马克思主义理论最新成果，是结合中国发展实际产生的重大理论创新实践成果。从结果导向来看，要想实现增强思政课教学的说服力、亲和力、针对性和实效性的目标，就必须在教育教学过程中始终做到理论性和实践性相统一，既要把关键概念、核心观点、主要问题、理论逻辑、思维模式讲清楚、讲准确、讲透彻，帮助学生提高理论思维格局与能力，又要运用前瞻性设计、议题引导等课堂互动技巧，将马克思主义理论的先进性、科学性、革命性、实践性、人民性以"润物细无声"的方式嵌入具体的社会改革发展历程与实践中去，增强学生学习的贴近感、获得感。

一方面，要坚持科学理论育人，培养高素质时代新人。坚持理论性和实践性相统一，就是要用科学理论培养人，用马克思主义中国化的最新理论成果武装学生头脑、指导学生行动，引导学生关注社会现实，对社会问题主动地关注思考，用习近平新时代中国特色社会主义思想铸魂育人、启智增慧，实现用科学理论武装头脑、培育人才。

另一方面，要深入联系客观实际，在实践中强化思政教育。实践性是马克思主义理论区别于其他理论的显著特征，这决定了思政课的理论性是与实践性高度统一的。[①] 重视思政课实践教学，就是要注重用鲜活生动的案例进行理论解读和理论阐释，阐明马克思主义的客观真理性与鲜明价值性，把课堂教学讲得深入浅出，讲出真理的味道，并按照课堂教学要求确定实践活动主题、载体及方式，激励学生主动参与社会实践，对学生的理论困惑、情感矛盾、价值选择进行释疑解惑和积极引导，做到理论阐释通俗化、具体化和生动化，进而实现教育引导学生立鸿鹄志、做奋斗者的目标追求。

---

① 参见吴家华《"八个统一"：新时代思想政治理论课改革创新的根本遵循》，《红旗文稿》2019 年第 7 期。

### （三）理论性和实践性相统一的实践路径

理论性和实践性是思想政治理论课的内在属性，二者统一于思想政治理论课教学全过程。[①] 思想政治理论课需要在理论性和实践性的结合中，促进青年学生"知行合一"能力品格的形成，提升思想政治理论课的教学实效。

一是注重融入教学，不断完善体系建设。思想政治理论课首先应在教学目标和教学内容上实现理论性和实践性的统一，对于任何一门课程教学而言，教学目标都是其教学活动有目的、有计划开展的保障，并为教学过程提供方向与动力。要坚持理论的彻底性、坚持教学面向社会实际、坚持教学面向学生实际，只有这样才能不断完善理论和实践相统一的教学内容体系建设。

二是抓好三个层面，开展课外实践教学。理论的生命力在于它对实践的指导作用。要想增强思政课的说服力，就必须让理论去指导实践，学生也只有投入实践中，才能更深刻地感受理论的魅力，更加具有获得感。从学校层面来说，要加强对实践教学的重视，积极倡导开展一系列学习贯彻习近平新时代中国特色社会主义思想的思政课实践活动；从学院层面来说，马克思主义学院要加强对思政课实践活动的组织，不断提升实践的实效性，让思政课实践在不断进步中体现其价值；从教师层面来说，思政课教师要充分发挥习近平新时代中国特色社会主义思想的实践引领意义，精心指导学生参与实践。

三是加强实践考核，设置综合化考核体系。推动思想政治理论课在改进中加强，很大程度上取决于教学评价方式的科学合理，思想政治理论课教学评价中理论和实践的结合是思想政治理论课理论性和实践性相统一的内在要求。而思政课实践教学往往是思政课教学中的难点痛点，其中实践考核要求与标准的相对缺乏，在一定程度上也影响了实践教学的开展与成效。因此，要加强理论与实践相结合，注重考核过程动态化、考核内容综合化、考核形式多样化，只有这样才能够让学生在考核的过程中加强对课程的学习，不断夯实自身的理论基础和提升实践素养。

---

① 参见冯刚主编《理直气壮开好思政课——把握新时代思政课建设规律》，人民出版社，2019，第102页。

## 五　坚持统一性和多样性相统一，做到统筹兼顾

统一性和多样性是事物发展的规律。统一性强调的是要有一定的标准，要有基本的要求，要有内在的尺度。多样性强调的是要适应不同的发展，要根据不同的情况、不同的层次来研究解决问题的方式。因此，把统一性和多样性结合起来是思想政治理论课创新发展的重要规律。①

### （一）思政课统一性和多样性的基本内涵

"坚持统一性和多样性相统一。思政课的教学目标、课程设置、教材使用、教学管理等方面有统一要求，但具体落实要因地制宜、因时制宜、因材施教，结合实际把统一性要求落实好，鼓励探索不同方法和路径。"② 这是习近平总书记对推动思想政治理论课改革创新提出的明确要求，为思想政治理论课的统一开展指明了具体切实的方向，即思想政治理论课的统一性就是要在这几个层面上做到统一，即统筹考虑和规划好教学目标的统一性、课程设置的统一性、教材使用的统一性、教学管理的统一性，同时，在实现统一性的过程中不能囿于一隅，必须兼顾多样性，学生是具有独立思考能力的独特个体，不同的学生对于思政课的内在诉求和掌握程度有一定的不同，要在统一性的基础上，因材施教、有教无类，充分实现多样化的思想政治理论课的教学方式和方法，从而更好地实现教学效果。总而言之，思想政治理论课坚持统一性和多样性相统一，有利于增强思想政治理论课的针对性和实效性，有利于激发思想政治理论课教师和学生参与思想政治理论课改革创新的动力和活力，有利于相关部门协同推进和联合管理，进一步推动思想政治理论课建设取得实效。

### （二）统一性和多样性相统一的重要原则

唯物辩证法关于矛盾的普遍性和特殊性辩证统一原理在思政课中的具

---

体运用，反映为党和国家的统一意志和学生的个性化发展需求的有机结合。① 同样，习近平新时代中国特色社会主义思想"进课堂"的改革创新也需要循着统一性和多样性辩证关系的轨道向前演进，只有这样才能发挥思政课蕴含的塑造灵魂、塑造生命、塑造新人的关键作用。

一方面，贯彻统筹推进要求，树立整体思维意识。立足新时代，要想上好思政课，必须深刻认识到统一性存在于多样性之中，多样性既是统一性的前提条件，也是统一性得以存在和发展的重要基础，多样性包含统一性并受到统一性的统摄。具体而言，在思政课教学中，坚持统一性就是要鲜明地贯彻落实教学目标、课程设置、教材使用、教学管理等方面的统一要求，将开展思政课教学的关键内容和底线要求明确清楚，并进一步细化思政课教学课前、课中和课后的全流程、全过程管理，从学分、形式、考核等方面规范统筹一系列教学相关工作，切实增强教育教学的价值引领作用。

另一方面，要发挥教师主动性，创新教学形式方法。思政课教学是与学生面对面进行思想交流与碰撞的生动过程，要在教学方法、教学手段、教学重点、考核方式等方面进行多样化的探索，呈现思政课教学的魅力和吸引力，不断提升思政课教学的实际成效。要注重因地制宜，结合学校实际和地区行业特色等，整合校内外优质教育资源，开发具有典型特色的教学资源，构建"大思政"新格局；要因时制宜，将思政课的目标原则与新的趋势结合起来、任务内容与时代要求结合起来、方法手段与贴近学生实际需求结合起来，时刻围绕思想政治教育的时代主题和主体；要因材施教，不仅要善于挖掘思政课与学生专业之间的共通之处，还要在结合多样化教学的过程中充分考虑学生的个性化特点，使思政课真正深入人心、触动学生的灵魂。

## （三）统一性和多样性相统一的实践路径

把握时代脉搏，坚持统一性和多样性相统一，推动思想政治理论课改革创新，不断增强思政课的思想性、理论性和针对性。

一是厘清"变"与"不变"，准确创新教学方法。如何上好新时代思政课，关键在于要善于运用习近平新时代中国特色社会主义思想指导实践，

① 参见吴家华《"八个统一"：新时代思想政治理论课改革创新的根本遵循》，《红旗文稿》2019 年第 7 期。

解决实际问题，深化学生理性认识，让学生感受到理论体系的魅力。近年来，从传统的"灌输式""一言堂"到现在"互动式""启发式"教学，从板书到 PPT 课件，从课堂教学到网上 MOOC，再到现在的"课堂派""智能课堂"等，这些教学方法不仅加强了师生间的交流互动，还使得思政课课堂教学更加充满生机活力。但是，相对于创新教学方法，其实更重要的是找到适合课程教学、适合学生的教学方法，还要善于根据新时代学生的特点因材施教，运用启发式教学、探究式教学、互动式教学、实践教学等方法，实现师生对话、生生对话、生本对话，提高课堂的"抬头率""点头率"。

二是注重灵活多样，满足学生不同阶段需求。面对学生不断变动的需求，思政课教学内容要做到灵活多样，需要根据学生的需求适当调整相应的思政课教学内容。要掌握青年话语体系，力求用鲜活生动、接地气的语言进行知识传授和价值引领，要围绕习近平新时代中国特色社会主义思想系统设计思想教育活动，有针对性地培育课堂教学品牌项目，变"大水漫灌"为"精准滴灌"，认真组织开展思政课堂主题大讨论等活动，培育、发现、传播思政育人特色项目和产品，有效引领学生在坚定理想信念、增长学识修养、厚植爱国主义情怀、培养艰苦奋斗精神上下功夫。

三是注重资源整合，强化教学资源建设。要积极推进思想政治理论课优质网络教学资源的建设，依托全国思想政治理论课网络集体备课平台，开发思想政治理论课在线课程，聘请校内外知名专家、著名学者建设名师名家网络示范课，广泛调动学生参与思想政治理论课教学的积极性、主动性和自觉性。

## 六　坚持主导性和主体性相统一，提升协同效应

在思想政治理论课教学实践中，教师居于主导地位，发挥主导作用，主导性是一种实施主导性。学生是学习、研究和实践活动的主体，其主体性内含自我探索、自我选择、自我建构和自我创造。[①] 教师主导性和学生主体性是思想政治理论课双主体的体现，这是贯穿思想政治理论课的基本要求，二者统一于思想政治理论课教学实践中。

---

① 参见冯刚主编《理直气壮开好思政课——把握新时代思政课建设规律》，人民出版社，2019，第 134 页。

### （一）思政课主导性和主体性的基本内涵

思想政治教育的本质决定了思想政治理论课教师必须发挥其教育教学主导性的关键作用。从思想政治教育的本质来看，实际上是实现"理论掌握群众"重要渠道与方式。在思想政治理论教育教学中，教师扮演着多重角色，既是教学执行者，又是组织设计者，还是实施推进者等，这就意味着他们要切实掌控主导地位，发挥主导作用。思想政治理论课建设发展和教育教学要充分尊重学生主体性，发挥学生主体性作用，充分体现了思想政治理论教育教学以人为本的价值取向。在思政课教学中，学生的主体性内含自我探索性、自我选择性、自我建构性和自我创造性，结合学生成长发展需求和思想政治理论课教育教学实践深刻把握学生主体性的科学内涵、表现形式、时代特征，是坚持主导性和主体性相统一，推进新时代思想政治理论课建设创新发展的重要基石。在思政课教育教学实践中，正确认识主导性和主体性的主要表现和时代境况，系统梳理主导性和主体性相统一的历史进程、发展趋向，从而明确主导性和主体性相统一的价值逻辑、目标指向、基本原则和关键着力点，对贯彻落实习近平新时代中国特色社会主义思想，正确认识教学主体关系，科学化解教学基本矛盾，推进新时代思想政治理论课建设发展具有重要意义。

### （二）主导性和主体性相统一的重要原则

在思政课课堂教学中，教师"教"通常体现的是教师的主导性，学生"学"则是反映了学生的主体性，两者的关系是有机统一的。习近平总书记强调，思政课教师"政治要强""情怀要深""思维要新""视野要广""自律要严""人格要正"[1]，自觉做为学为人的表率。而教师作为运用习近平新时代中国特色社会主义思想塑造学生主体意识的重要角色，关键就在于更好地激发学生学习的积极性、主动性和创造性，努力帮助学生完成从"要我学"到"我要学"的认识转变。

一方面，要兼顾主导与先导，明确示范引领作用。思政课教师作为学习活动的组织者和引导者，必然承担着传道、授业、解惑的神圣职责，需

---

[1] 习近平：《思政课是落实立德树人根本任务的关键课程》，人民出版社，2020，第12~16页。

要在知识传授、能力培养、价值观塑造方面充分体现其主导地位。而要想激发学生的学习兴趣，首先需要提高的就是教师的教学热情。只有思政课教师先调动起自己的教学积极性，发自内心地认可与热爱思政课并融入崇高的职业道德和敬业精神，用倾情投入、真情真意解决好自我"先导"的问题，充分展示出教师的"信道""明道"，才有可能在教学内容、教学方法、教学功能以及学生成绩评价等方面真正发挥主导作用，进而对学生的思想行为产生重大影响。

另一方面，要激发主人翁意识，赢得认同，完成转换。在思政课课堂教学中，不仅需要教师以顺应时代潮流、适合青年学生心理特点和成长规律的方式方法来赢得学生的认同与认可，还需要学生认识到自我在学习中的主观能动性。充分发挥学生的主体性作用并不意味着教师主导性功能的削弱，学生主体性和教师主导性是针对不同的主体、视域而言的。在这一过程中，教师要做学生的引导者和引路人，加大对学生个性特色和发展阶段的研究，在结合学生成长需要的基础上提出切实的建议、作出规划，突出学生主体地位。学生要积极响应和配合教师的主导规划，在学习中提升发现问题、观察问题、分析问题、解决问题的综合素养，以及夯实理论基础、锻炼思维能力，促进师生双向互促共赢。

### （三）主导性和主体性相统一的实践路径

新的历史条件下，思想政治理论课教育教学要更好地坚持主导性和主体性相统一，必须深刻理解主导性与主体性相统一的内在意涵，在厘清二者逻辑关系的基础上，切实抓好实现二者统一的关键着力点。

一是注重深入透彻，契合学生全面发展需求。思政课教师在课堂教学中，既要尊重学生个体性的本质需求，也要注意对学生社会性本质需求的引导，帮助学生体验个体中的"我"、群体中的"我"，帮助学生成为一个自由全面发展的人。思政课教学一定要选择适合本课程的教学案例来支撑课程内容，要花足够多的时间和精力来吃透思政课的内涵意义与学生成长成才的密切关联，只有这样才能更好地向学生深刻解释"为什么要上思政课""如何学习习近平新时代中国特色社会主义思想"等问题。只有把这些问题解释清楚，并且说服学生，才能有效地开展教学活动，努力帮助学生充分认识自我、构建自我、完善自我，培养学生成为一名社会主义的建设者和接班人，为社会发展贡献自身力量。

二是注重贴近实际，提高学习参与针对性。在思想政治理论课教育教学过程中激发学生主体性、发挥学生主体性作用，必须回到教育教学实践中、学生生活实践中去分析学生的认知规律和接受特点。要利用互联网技术和平台对学生思想热点、思想动态、学习活动、学习时间、娱乐方式、活动场所等进行动态分析，从大数据中把握青年学生的接受特点和学习习惯，为思政课教师有针对性地设计教学提供依据，挖掘、分析和满足学生实际需要，增强师生互动，提高思政课教师"解决思想问题和解决实际问题相结合"的能力；思政课教师要努力扩充教育教学知识储备，提高学情分析的能力和水平，富有积极性、主动性、创造性地发挥主导作用，提高学生思想政治理论课学习参与度和专注度。

三是注重过程考核，构建动态化考核体系。思政课考核不应该只是为了检验学生的课程学习情况，更重要的是在帮助学生提高知识水平的同时，提升学生的综合素质。首先，平时考核与期末考核相结合，如可以适当提升平时考核的比重，甚至可以使平时考核和期末考核比重各占一半。其次，课堂讲授与课外实践相结合，在课堂讲授中，可以针对学生的出勤率、上课回答问题的积极性、课堂讨论等情况考察学生学习的积极性，在课外实践中，针对学生的实践选题、实践笔记、心得体会、实践成果展示等考察学生的实践能力。最后，读书笔记与学科论文相结合，思政课教师可以适当布置一些课堂作业，如让学生阅读某一本书并撰写读书报告，围绕某一社会热点事件写一篇小论文等，考察学生的学术水平及能力。

## 七 坚持灌输性和启发性相统一，注重教学相长

思想政治理论课具有突出的灌输性，需要结合时代特征和学生实际，通过灌输的方式将科学理论传递给青年学生。同时，思想政治理论课也具有显著的启发性，它以马克思主义的立场、观点和方法为指导，启发学生树立辩证思维，坚持前沿意识和问题导向，增进学习兴趣，促进青年学生在学习生活实践中自主学习，实现德智体美劳全面发展。[①]

---

[①] 参见冯刚主编《理直气壮开好思政课——把握新时代思政课建设规律》，人民出版社，2019，第171页。

### （一）思政课灌输性和启发性的基本内涵

灌输性是思想政治理论课的本质属性。梳理思想政治理论课灌输性的理论发展，要从整体上把握思想政治理论课灌输性的主要特征。随着社会的发展，思想政治理论课已经摒弃传统的单一式灌输，在尊重学生主体性的基础上，发挥教师的主导作用，科学运用灌输与启发相结合的教学方法。习近平总书记在学校思想政治理论课教师座谈会上指出，思想政治理论课要"坚持灌输性和启发性相统一。灌输是马克思主义理论教育的基本方法。……要注重启发式教育，引导学生发现问题、分析问题、思考问题，在不断启发中让学生水到渠成得出结论"[①]。为了更好地培育担当民族复兴大任的时代新人，提升新时代思政课教学的实效性，用习近平新时代中国特色社会主义思想铸魂育人，需要系统把握思想政治理论课灌输性和启发性的功能作用与重点要求，坚持二者相统一，从推进思想政治理论课教学内容设置、把握教学对象、优化教学环境等方面，协同推进思想政治理论课的创新发展，增强新时代思想政治理论课的建设实效。

### （二）灌输性和启发性相统一的重要原则

灌输和启发是思想政治教育的重要对偶范畴。灌输教育并非实践中存在的填鸭式、教条化的教育方式，其实质是进行马克思主义理论的系统教育，也是推进习近平新时代中国特色社会主义思想由"进课堂"到"进头脑"的必然要求。启发性教育则重视发挥学生的主观能动性，注重激发人的自我分析与思辨意识，培养学生的内化思考、外化践行的能力。

一方面，要把握灌输基本规律，强化科学系统连贯。思想政治教育本质上离不开理论灌输。科学的理论不可能自己跑到学生的头脑中，也不能自发产生，因此要坚持灌输教育，这也符合学生思想品德形成发展的要求，即把知识、方法、价值观念等从外面灌输进去，用科学的理论武装青年。科学的灌输性教育要把启发性教育看作达成理论灌输之目的的重要方式，

---

① 习近平：《思政课是落实立德树人根本任务的关键课程》，人民出版社，2020，第 22 页。

努力做到"灌中有启"①。也就是说，新时代实行灌输教育，要结合新形势、新任务、新实际，拓展信息展示载体，丰富理论教学方式，在生动阐述、鲜活叙事的过程中巧妙实现教师与学生的思想对接。

另一方面，要善于求变求实，贴近学生实际需求。启发性教育注重引导、转化、发挥学生的主观能动性，但其目的仍然是灌输到学生头脑中，也就是要做到"启中有灌"。这就意味着思政课教师要积极改变教学方法，更多地开启师生间的双向互动模式进行教学，特别是要依据教育的规律和学生的特点，不断改善课堂教育教学方法，注重与青年学生的平等交流，将教材语言转化为教学语言，运用演讲式教学、案例研讨、分组辩论、MOOC 教学、情景剧教学等多种方式方法，让学生在寓教于乐的学习体验中提升发现问题、分析问题、解决问题的能力素养，在不断激励和启发中潜移默化地得出科学结论。

### （三）灌输性和启发性相统一的实践路径

坚持思想政治理论课灌输性和启发性相统一，能够在实现知识传授的同时融入价值引导，不断创新教育教学理念与方法，持续提升思政课教学的质量效果，让科学的理论知识和正确的价值观念真正深入学生的内心，培养德智体美劳全面发展的时代新人。进入新时代，思想政治理论课建设力度之大前所未有，教学质量有所提升，但仍会出现学生上课不积极、互动不参与的情况。② 因此，思想政治理论课教师要坚守价值追求，提升理论自觉，以广阔的视野、精深的剖析、丰富的教学形式，启发学生主动把握中国发展趋势和世界发展大势，主动契合社会的发展要求。

一是把握三个要点，持续提升教学质量。教学方法没有最好的，只有最合适的。在思政课教学过程中，思政课教师需要做的是积极去探究最合适的教学方法。首先，根据内容选择教学方法。思政课教师要因势而动，学会在同一门课程中使用多种教学方法，同时也要学会在不同课程中使用不同的教学方法。不同的教学内容只有通过不同的教学方法讲授才能呈现

---

① 吴家华：《"八个统一"：新时代思想政治理论课改革创新的根本遵循》，《红旗文稿》2019 年第 7 期。
② 参见冯刚主编《理直气壮开好思政课——把握新时代思政课建设规律》，人民出版社，2019，第 190 页。

应有的教学效果。其次，根据院校及专业选择教学方法。思政课教师要积极探究适合本专业的教学方法，对于不同学科的学生来说，他们的思维方式、接受能力都是有所差异的，可以采用不同的方式引发学生思考，发散学生思维。最后，根据学生发展需求，综合运用教学方法。对于学生而言，他们所期待的教学方法是多样的，思政课教师切忌一套方法讲完一门课程，而是要综合运用多种方法，调动学生的积极性，增强课程的吸引力。只有探索最合适的教学方法，才能吸引学生的注意力，才能增强课程的感染力，才能不断提升课程的教学质量。

二是注重贴近有趣，切实满足学生成长需求。随着互联网的迅速发展，网络上事物千奇百怪，尤其是移动网络的运用、智能手机的诞生等，使得"处处都有百科书""人人都是麦克风"的现象成为常态，这对新时代学生的影响较大。思政课要想吸引学生，教学内容就要进行适当的改革。在课堂教学中要善于把教材体系转化为教学体系，并且要根据学生的成长需求，在实际的教学过程中设计好每节课的教学内容，贴近学生、贴近生活、贴近实际，富有艺术性、充满趣味性，具有时代感、新鲜感，只有这样才能够让教学内容引起学生共鸣，直击学生内心。同时，在教学内容中穿插一些来源于生活、接近学生的案例，丰富典型、来源于生活的案例不仅可以拉近学生与思政课中晦涩难懂的理论内容之间的距离，还可以通过拉近学生与课堂、学生和教师之间的距离来增强思政课的亲和力，提升思政课课堂的"点头率"。

## 八　坚持显性教育和隐性教育相统一，实现全员育人

显性教育和隐性教育是思想政治教育的两种重要形式，在不同场域、不同对象、不同内容的思想政治教育实践中扮演着重要角色。思想政治理论课通常被认为是显性教育的一个重要渠道。[①] 在新时代背景下，深刻把握思想政治理论课显性教育和隐性教育的统一，是思想政治理论课遵循规律实现内涵式发展的重要着力点。

---

① 参见冯刚主编《理直气壮开好思政课——把握新时代思政课建设规律》，人民出版社，2019，第196页。

### （一）思政课显性教育和隐性教育的基本内涵

无论是显性教育还是隐性教育，其教育主体和教育对象都是人。显性教育和隐性教育相统一并不是一个新的论题，新时代深化这一论题研究，需要立足马克思主义基本原理，坚持交叉学科研究视野，面向鲜活生动的思想政治理论课教学实践，在显性教育和隐性教育相统一的理论基础、历史延承、实践路径和创新发展等方面重点着力。思想政治理论课作为一个教育路径，确实主要是一种显性的教育存在，但是在新时代思想政治教育创新发展和思想政治理论课教学质量提升中，尤其是在全过程全方位育人的大背景下，思想政治理论课教学也需要重视显性教育和隐性教育相统一的问题。

### （二）显性教育和隐性教育相统一的重要原则

宏观上而言，思政课属于显性思想政治教育，而除思政课之外的其他类型课程和活动属于隐性思想政治教育，但二者在发挥作用的过程中是辩证统一的。推进"三进"工作，既要旗帜鲜明地开设、讲授思政课，又要善于发掘更多资源，在潜移默化中协同讲好思政"故事"。

一方面，要彰显鲜明主基调，明确思政育人指向。思政课作为思想政治教育的显性课程，具有思政育人的重要功能，在德育中发挥着不可估量的作用。在课堂教学中，要围绕学生的知识结构和特点，运用多样的教学方式方法进行教学目标和教学内容的设计，有效传授理论知识，锻造学生思维方式，培养学生爱党、爱国、爱社会主义的情感素养。

另一方面，要凝聚"大思政"共识，构建全员育人模式。思政教育要想切实出成果、显成效，就需要打造深度、效度、温度兼具，"色香味"俱全的新时代思政人"金课"，挖掘其他课程中的思政元素，将思政育人的深刻内涵浸润到其他课程建设中，努力做到思想政治教育校园全覆盖，实现协同育人的教育效应。同时，还要通过日常互动交流、人文精神熏陶等隐性化、柔性化的方式，坚持以文化人、以文育人，持续触发学生接受的兴奋点，营造显隐互补、相得益彰的思政育人氛围。

### （三）显性教育和隐性教育相统一的实践路径

改革开放以来，经过理论研究和实践探索，思想政治理论课显性教育和隐性教育积累了宝贵的经验。新时代提升学校思想政治理论课实效性，需要准确把握思想政治理论课创新发展的任务和要求，结合新的时代特征和学生特点，深化协同育人与以文化人研究，进一步推动新时代思想政治理论课显性教育和隐性教育的创新发展。[①] 在思想政治教育过程中，显性教育和隐性教育同样重要。对于显性教育而言，要全面深刻地理解教育内容的实质，旗帜鲜明、条分缕析地呈现和阐述教学内容的科学性；对于隐性教育而言，要充分考虑教学载体和教学对象，在准确把握教育内容的基础上将其融于适当的载体中，对教育对象发挥潜移默化作用。

一是增设教学设计环节，在显性课程中融入隐性教育。一般而言，隐性教育最鲜明的特征就是渗透性和潜隐性，其中显性教育中的隐性渗透作用的发挥就体现出了显性教育和隐性教育的有效衔接。渗透就是结合相关的过程和因素一起起作用，体现教育渠道的多样性和细微性。新时代的思政课教学要采用更加丰富多样的教育手段和渠道，开展以理服人、以情动人的教学活动，营造和谐温馨的教学氛围。尤其是在哲学社会科学教学中，我们更要加强隐性思想政治教育的渗透作用，只有这样才能有效推动人文精神的传递、传播和创设，从而更好地发挥精神文化的熏陶、感染和教化作用。与此同时，还要在专业课程中加强隐性德育的渗透作用。专业课程教学同样和思政课改革创新有着不可分割的联系。专业课程教师应该注重在教学过程中进行隐性德育渗透，通过自身的人格魅力和隐性教学设计环节使学生不仅在专业知识的掌握方面，而且在个人的精神风貌和综合素质的凝聚方面都能得到有效的提升。

二是开拓育人途径，实现显性与隐性教育相结合。与传统意义上的隐性教育不同，课程思政隐性教育主要是通过挖掘各种专业课堂、专业课程以及教学方式中所潜藏的思政育人因素进行课程教学，通过潜移默化的方式达到教学的效果。在当前的社会形势和时代背景下，坚持思政课程显性

---

[①] 参见冯刚主编《理直气壮开好思政课——把握新时代思政课建设规律》，人民出版社，2019，第 210 页。

教育与课程思政隐性教育相结合是非常必要的。思政育人不能仅仅停留于思政课教师的课堂，思政育人在多样的专业课程中是同样适用和必要的，这不仅在于专业课程教学中潜藏着思政育人的元素，专业课教师的政治态度和政治认同同样也影响着学生价值观的培育和形成，在专业课教师讲授专业知识过程中，同步融入价值观层面的引领，这样就能保证教师既讲授知识，又在潜移默化中让学生得到熏陶和鼓舞。课程思政中的隐性教育就是通过这种榜样示范性、平等交流性、灵活多样性等特征展现出来的，从而实现对思政课程中的显性教育进行必要的补充和配合。

# 第四章 习近平新时代中国特色社会主义
思想"进头脑"研究

## 第一节 习近平新时代中国特色社会主义思想
"进头脑"的内容范畴

真理具有具体性，是在由具体到抽象，再从抽象到具体的思维历程上对事物的本质进行的概念把握，而范畴是经过对事物本体进行沉思从而希望达成的观念的具体。对于具体事物的深刻把握，必须立足于寻找事物的根本范畴，这有利于对习近平新时代中国特色社会主义思想"进头脑"的内容范畴进行研究，有利于明确在新时代背景下"进头脑"工作的架构基础和核心环节，有利于揭示"进头脑"工作同习近平新时代中国特色社会主义思想之间的本质联系。

### 一 促进深厚精神情怀"进头脑"

精神情怀是个体的人格修养以及思想境界的重要表现，崇高、深厚的精神情怀对境界的提高以及心灵的净化有着显著作用，可以充分地激励人、陶冶人、感染人。习近平新时代中国特色社会主义思想是人们在新时代获取价值和信念的源泉，蕴含着宽广的、深厚的精神情怀，是中华几千年文明和中国特色社会主义完美结合的产物，是引导中华民族建筑精神家园的科学理论。

首先，需要推动习近平新时代中国特色社会主义思想的科学价值观念"进头脑"。引导大家学习、感悟、践行以达成"中国与世界""人与自然""人与社会"和谐共处、共同发展为目的，以实现中华民族伟大复兴、建成富强民主文明和谐美丽的社会主义现代化强国为理想，以促进广大人民群众过上美好生活为信念，以培育和践行社会主义核心价值观为基本方略的习近平新时代中国特色社会主义思想。

其次，还需要推动习近平新时代中国特色社会主义思想的家国情怀"进头脑"。"对国家和人民具有深情大爱，对国家富强和人民幸福具有坚定的永恒追求，对家庭家教家风具有高度重视的家国情怀，是习近平新时代中国特色社会主义思想的精神品质。"[①] 这样的精神品质既是马克思主义与中华优秀传统文化交汇融合结出的丰硕果实，也是二者基本精神内在贯通的集中表现。推动习近平新时代中国特色社会主义思想的家国情怀"进头脑"，就是要去积极地培养个人坚强的意志和浩然的正气，去向美好生活奋进、为广大人民群众的幸福生活去奋斗，去引导大家在修身、齐家、治国、平天下的大道上严私德、守公德、明大德、修身心，能在关键时刻经受住考验，用大无畏的勇于担当精神和对广大人民群众的真挚情怀去鼓舞人、塑造人、感染人。

最后，还要推动习近平新时代中国特色社会主义思想的世界图景"进头脑"。世界图景展现的是人民群众对于世界的期待和理解，体现了人们的世界观。错误的世界图景会将人引向歧途，或是把人引向一片混乱的罪恶之城，或是把人引入不切实际的乌托邦，抑或把人指向虚无缥缈的彼岸世界。而正确的世界图景总是在科学的理论指引下，运用科学的规划和有效的方案绘就，指向人类的正确发展方向，走向对全人类共有美好家园的建设。习近平新时代中国特色社会主义思想正是在马克思主义的指导下，描绘了一个美好的、令人向往的世界图景，为全人类的共同发展贡献了中国方案、中国理念及中国智慧，展现了以构建人类命运共同体为目标的总体思想和对当前面临的世界百年未有之大变局的科学判断，追求构建人类命运共同体的美好世界图景是顺应文明发展规律、响应时代潮流的科学图景。引导这个图景"进头脑"，就要用科学的国际关系理念来培育人，用其来促进个人的发展，要让大家懂得独立自主、合作共赢、共同发展的道理，强调具有全球眼光的人才培养，加强民族自豪感和自信心的培养，推动人类命运共同体的构建。

---

① 吴德刚：《习近平新时代中国特色社会主义思想的理论品格和历史贡献》，《求是》2018 年第 3 期。

## 二　促进坚定理想信念"进头脑"

理想信念是引领我们有序开展活动与支撑我们不懈求索的精神之基和强大力量。正如马克思所说，"推动人去从事活动的一切，都要通过人的头脑"，在此"外部世界对人的影响表现在人的头脑中，反映在人的头脑中，成为感觉、思想、动机、意志，总之，成为'理想的意图'，并且以这种形态变成'理想的力量'"。① 这样的"理想的意图"以及"理想的力量"，不仅寄托了大家对于安身立命的追求和渴望，而且汇聚了大家对美好生活、美好世界的祝福和信仰。如果将理想看成一种趋附之力、一种愿望，那么强化这种趋附之力、实现这种愿望的自由意志就是信念。理想信念在人的生产生活以及一切活动中发挥着精神向导和引航指向的作用，这也是它能够作为人的精神之"钙"的原因。习近平新时代中国特色社会主义思想实现了马克思主义中国化新的飞跃，展现了广大中国人民对实现民族复兴、国家富强的坚定信念和必胜信心。"信心、信念、信仰"融注在习近平新时代中国特色社会主义思想的各个方面，同时也体现在我们当前的伟大实践中，在当前中华民族伟大复兴战略全局和世界百年未有之大变局大背景下，中国人民比任何时候都需要"信心、信念、信仰"，都需要坚定"四个自信"、坚定战略方向。在此意义上，习近平新时代中国特色社会主义思想铸魂育人的核心要义就是增强和坚定"信心、信念、信仰"。这就要用习近平新时代中国特色社会主义思想来武装头脑、坚定理想信念、构筑精神根基、不忘初心使命、培养家国情怀，鼓舞广大人民群众树立起对实现中华民族伟大复兴中国梦的强大信心。

## 三　促进科学理论体系"进头脑"

"进头脑"工作实质上是一种人才培养、意识形态教育的实践活动，直接指向人的观念世界及思想灵魂，需要通过理论思维去"把理想信念建立在对科学理论的理性认同上"②。只有用科学的理论体系去培养人、感召人、说服人，才能够有效地建筑人的精神家园、培养人的政治灵魂。习近平新

---

① 《马克思恩格斯选集》第4卷，人民出版社，2012，第238页。
② 《习近平谈治国理政》，外文出版社，2014，第50页。

时代中国特色社会主义思想从经济、政治、文化、社会、生态文明、党的建设等方面，系统阐述了新时代坚持和发展中国特色社会主义的总目标、总任务、总体布局、战略布局等基本观点。习近平新时代中国特色社会主义思想究其本质是科学的社会主义，这一思想立足于近代以来中华民族的历史遭遇，着眼于实现中华民族伟大复兴和全世界的共同发展，站位于"原则高度""大变局"整体上，回答了世界发展"向何处去"及科学社会主义运动"向何处去"的问题，同时也明确了实现中华民族伟大复兴的总体道路、方向和目标。习近平新时代中国特色社会主义思想的"十个明确"，彰显出中国共产党人对中国特色社会主义规律的深刻认识和把握、对中国特色社会主义事业领导的与时俱进，也实现了认识论与方法论、战略与战术、理论与实践之间的辩证统一，是实践性、科学性、创造性和人民性的高度统一。习近平新时代中国特色社会主义思想是闪耀着人格魅力和理性光辉的科学理论，集中反映着当代中国共产党人的政治立场、价值导向、精神面貌。

马克思指出："而理论只要彻底，就能说服人［ad hominem］。所谓彻底，就是抓住事物的根本。"① 也就是说，理论只有彻底才能够实现有理论可讲、讲理论有理，体现理论的说服力。要促进习近平新时代中国特色社会主义思想"进头脑"，前提是要能够系统地开展学习、深入地进行领会、全面地完整掌握，关键是要做到讲清楚、传到位、学明白、高认同。要在认识论的基础上"确立此岸世界的真理"，构建教学体系、教材体系、知识体系及信仰体系，要怀揣中华民族伟大复兴战略全局和世界百年未有之大变局这两个大局，深刻认识习近平新时代中国特色社会主义思想对于我们当前认清和把握时代大势的重大意义，深入推进习近平新时代中国特色社会主义思想同国民教育相融合，引导人们树立共产主义远大理想和中国特色社会主义共同理想。同时，要依靠事实提炼价值、依赖知识形成观念，阐述并揭示习近平新时代中国特色社会主义思想的精神脉络及理论品格，主动引导广大人民群众学习并领会习近平新时代中国特色社会主义思想基于"实践之需"与"时代之问"而作出的雄韬伟略与科学回应、具有创造性的新论断新思想新战略新理念，以及以人民为中心的发展取向与根本立

---

① 《马克思恩格斯文集》第 1 卷，人民出版社，2009，第 11 页。

场，让习近平新时代中国特色社会主义思想在实现内在认同的同时，升华为个体、群体以及社会的行动自觉与信念追求。

综上所述，深厚的精神情怀、坚定的理想信念及科学的理论体系共同构成了习近平新时代中国特色社会主义思想"进头脑"的基本内容范畴。这几个方面虽有所区别，但又相互联系、相互融合，是推动完善习近平新时代中国特色社会主义思想"进头脑"工作内容体系的理论逻辑和基本范畴。

## 第二节　习近平新时代中国特色社会主义思想"进头脑"的精神实质

"理论在一个国家实现的程度，总是取决于理论满足这个国家的需要的程度。"[①] 一个民族要走在时代前列，一刻不能没有理论思维，一刻不能没有正确思想指引。新时代以来，面对国内外形势新变化和实践新要求，以习近平同志为主要代表的中国共产党人，坚持把马克思主义基本原理同中国具体实际相结合、同中华优秀传统文化相结合，科学回答了新时代坚持和发展什么样的中国特色社会主义、怎样坚持和发展中国特色社会主义等重大时代课题，创立了习近平新时代中国特色社会主义思想。习近平新时代中国特色社会主义思想是新时代实践的结晶，是新时代的思想旗帜。推动习近平新时代中国特色社会主义思想"进头脑"，展现出广大人民群众对满足国家需要的决心，展示了立德树人工作深度推动的理想愿景、根本任务和本质追求。

### 一　坚定"四个自信"，增强对中国特色社会主义的政治认同

坚定"四个自信"是推动习近平新时代中国特色社会主义思想"进头脑"的本质追求。习近平新时代中国特色社会主义思想这一理论结晶是在新时代中国特色社会主义实践中产生的，是推动新时代党和国家事业不断向前发展的科学指南，是经过实践检验、富有实践伟力的强大思想武器。中国发展方位发生的历史性变化需要新的理论引领，中国共产党执政的社

---

① 《马克思恩格斯文集》第 1 卷，人民出版社，2009，第 12 页。

会环境和现实条件发生了深刻变化，迫切需要党的创新理论指导，世界正处于百年未有之大变局，面对深刻复杂的国际国内形势，全球治理需要中国智慧与中国方案。习近平新时代中国特色社会主义思想与马克思列宁主义、毛泽东思想、邓小平理论等既一脉相承又与时俱进，在回应新的时代之问的过程中引领实践，在马克思主义发展史、中华民族复兴史、人类文明进步史上具有特殊重要地位。推进习近平新时代中国特色社会主义思想"进头脑"工作，促进中国特色社会主义的发展，就需要充分了解、全面感悟、切实用好这一思想，将其作为强大的精神武器，让这一思想的闪电彻底地击中新时代中国广大人民群众的精神家园和灵魂深处，"构筑中国精神、中国价值、中国力量"[1]，"不断增进对中国共产党和中国特色社会主义的政治认同、思想认同、理论认同、情感认同"[2]。人才的培养和意识形态的构建要求我们去积极地培养社会主义建设者和接班人并提升其政治认同与政治定力，而坚定"四个自信"，正是推动党的思想理念深入群众，增进广大人民群众对中国特色社会主义和中国共产党高度政治认同的关键所在。

增进广大人民群众对中国特色社会主义和中国共产党高度政治认同，推动习近平新时代中国特色社会主义思想"进头脑"，就是为了引导广大人民群众充分相信和深刻认识到：实现中华民族伟大复兴，达成人民对美好生活的向往，要坚定道路自信、理论自信、制度自信、文化自信。坚定"四个自信"是推动习近平新时代中国特色社会主义思想"进头脑"的根本追求，是提升政治认同、增强国家共识、构建精神信仰的必要之举。在推动习近平新时代中国特色社会主义思想"进头脑"的工作过程中，如果抛开坚定"四个自信"，那必然会让"进头脑"工作失其效、乱其向、散其力。因此，开展思想政治教育要以推动习近平新时代中国特色社会主义思想"进头脑"为重点，要站在培养伟大事业的后继者、保障红色江山永不褪色的政治高度，推动实践的发展、理论的深化、理念的创新，让广大人民群众永葆"信心、信念、信仰"，深刻领会中国特色社会主义的实践逻辑、历史逻辑和理论逻辑。

---

① 习近平：《决胜全面建成小康社会 夺取新时代中国特色社会主义伟大胜利——在中国共产党第十九次全国代表大会上的报告》，人民出版社，2017，第23页。

② 习近平：《在中央政协工作会议暨庆祝中国人民政治协商会议成立70周年大会上的讲话》，人民出版社，2019，第11页。

## 二　巩固马克思主义指导地位，构筑当代中国强大精神力量

习近平新时代中国特色社会主义思想以辩证唯物主义和历史唯物主义为哲学基础。巩固马克思主义指导地位，构筑当代中国强大精神力量，是推动习近平新时代中国特色社会主义思想"进头脑"的根本任务。这一任务的完成与否和能否推动中华民族伟大复兴始终在正确方向上前行、始终持续奋斗休戚相关，与新时代中国特色社会主义能否成功密切相连。习近平总书记指出，"文化是一个国家、一个民族的灵魂"①，"国家之魂，文以化之，文以铸之"②。文化的内在是精神、价值以及信念的凝聚，承载着科学的理论价值，用文化来内化人，方可铸造国魂。中国特色社会主义伟大实践依赖中国特色社会主义文化，将中华优秀传统文化作为自己的思想根源和精神源泉，同时弘扬和继承在党的领导下广大人民群众在改革创新、建设发展中创造的与时俱进的社会主义先进文化，是新时代"进头脑"工作中所构建的中国强大精神力量的主体形态，是新时代中国最强大的、最显著的文化力量。意识形态决定了"进头脑"工作的思想内核，决定了文化的发展方向和前进道路，我们要加强社会主义意识形态的引领作用和凝聚作用，在文创产品的推广和传播方面、在文明风貌建设方面充分发挥社会主义核心价值观的先进性和优越性，将这一价值观切实融入教育教学和生产生活中，让广大人民群众形成高度自觉和实践依托，铸就在新时代下引领中华民族发展和前进的价值之魂。要紧密联系"中国精神"，深入理解习近平新时代中国特色社会主义思想这一中国精神的精华所内含的科学理论文明和深厚精神情怀，从而在这一思想的引领下树立正确的历史观、民族观、国家观和文化观，去培养紧跟时代发展的时代精神和民族精神，去铸就在新时代下引领中华民族发展和前进的精神之魂。

同时，我们还要将习近平新时代中国特色社会主义思想作为理论指导，消除虚无主义对个人观念的影响，揭露错误思潮的真面目，批评其错误的诱导。由于"人本质是一个意识形态动物"③，一直以来，人们难以避免地

---

① 习近平：《决胜全面建成小康社会 夺取新时代中国特色社会主义伟大胜利——在中国共产党第十九次全国代表大会上的报告》，人民出版社，2017，第40页。
② 习近平：《在纪念马克思诞辰200周年大会上的讲话》，人民出版社，2018，第19页。
③ 俞吾金：《意识形态论》（修订版），人民出版社，2009，第286页。

被某个或某些意识形态影响进而去塑造自己的思想观念。作为个体，或许曾经反对或拒绝某些意识形态，但不可能拒绝所有意识形态，大家最终必定会陷入某种意识形态所绘就的世界图景当中并对其产生虔诚的信仰。马克思早在青年时期就针对此提出过两个本质意识形态批判的维度："真理的彼岸世界消逝以后，历史的任务就是确立此岸世界的真理。人的自我异化的神圣形象被揭穿以后，揭露具有非神圣形象的自我异化，就成了为历史服务的哲学的迫切任务。"① 要想驳斥和破除"人的自我异化的神圣形象"，就必须对男尊女卑、宿命论等封建迷信的文化糟粕进行彻底的批判和破除；要想驳斥和破除"具有非神圣形象的自我异化"，就要在破除糟粕的封建迷信文化基础上，避免人们刚从迷信的"神"文化中走出来后又陷入"非神"的资本控制的魔掌，谨防资本对个体的思想束缚。我们必须将习近平新时代中国特色社会主义思想作为指导思想，坚持用科学的理论来指导实践行动、增强理想信念，提高新时代文化发展的活力、魅力、凝聚力，推动中华优秀传统文化的弘扬和发展。

### 三　促进人的全面发展，培养担当民族复兴大任的时代新人

推动习近平新时代中国特色社会主义思想"进头脑"的根本目的，就是希望能促进人的全面发展、培养担当民族复兴大任的时代新人。习近平总书记指出："马克思主义博大精深，归根到底就是一句话，为人类求解放。"② 对于马克思和恩格斯来说，"为人类求解放"首先是"人以一种全面的方式，就是说，作为一个完整的人，占有自己的全面的本质"③，进而实现全人类自由而全面的发展。因此，要实现人自由而全面的发展、达到个体全面占据自己本质的目的，必须"使人的世界即各种关系回归于人自身"④。只有在对美好生活的追求过程中，才可为达到所有人自由而全面的发展确定坚实基础、精神动力和奋斗目标。

习近平新时代中国特色社会主义思想立足于新时代我国社会主要矛盾已经发生重大改变这一重大前提，坚持并发展了马克思主义关于人自由且

① 《马克思恩格斯文集》第 1 卷，人民出版社，2009，第 4 页。
② 习近平：《在纪念马克思诞辰 200 周年大会上的讲话》，人民出版社，2018，第 8 页。
③ 《马克思恩格斯文集》第 1 卷，人民出版社，2009，第 189 页。
④ 《马克思恩格斯文集》第 1 卷，人民出版社，2009，第 46 页。

全面发展的理想和实现这一理想的条件的根本方法、观点和立场，将以人民为中心作为不变的发展方向，在推动中华民族伟大复兴及全面建成社会主义现代化强国的过程中，持续推进全体人民群众的共同富裕和全人类自由且全面的发展。围绕促进习近平新时代中国特色社会主义思想"进头脑"这个价值目标和根本目的，充分保障财富分配、社会分工、社会生产最大限度地"使自己的成员能够全面发挥他们的得到全面发展的才能"[①]。这要求我们主动帮助、积极引领所有成员在德智体美劳各个方面全面发展，培养担当民族复兴大任的时代新人。毫无疑问，这正是新时代背景下实现铸魂育人、立德树人的重要体现，同时也彰显了习近平新时代中国特色社会主义思想"进头脑"工作的目标理想，即对新时代青年进行思想引领，持续、永久地培育拥护中国特色社会主义制度、拥护中国共产党的领导、为共产主义奋斗终身的有志之士、有用之才，不断推进全人类共同发展、美好生活愿景的实现。

## 第三节　习近平新时代中国特色社会主义思想"进头脑"的内在机理

推动习近平新时代中国特色社会主义思想"进头脑"，就是要用习近平新时代中国特色社会主义思想去形塑、去铸造人的价值观念、精神世界及政治信仰等，促进习近平新时代中国特色社会主义思想同个体思想相融合，成为个体思维方式和实践行为的指南，指导个体的实践活动，转化为个体的行为准则，表现为人的行动和思想上的转化。

### 一　真理性与人的思想行为的可铸塑性是"进头脑"的逻辑基础

搞清楚习近平新时代中国特色社会主义思想"进头脑"工作的逻辑基础，是深入研究和推进习近平新时代中国特色社会主义思想"进头脑"工作的前提。马克思主义是经过实践证明的科学真理，马克思立足于对资本主义社会的批判，推动构建科学社会主义，开创了科学的方法论原则，科学地揭示了自然界、人类社会、思维发展的一般规律，而习近平新时代中

---

[①]　《马克思恩格斯文集》第 1 卷，人民出版社，2009，第 689 页。

国特色社会主义思想吸收了马克思主义理论的精髓，实现了马克思主义与中国具体实际相结合，集中回应了新时代面临的种种诘难，解决了一些长期想解决而没有解决的问题，是马克思主义中国化最新成果，是二十一世纪马克思主义、当代中国马克思主义，是对改革开放和社会主义现代化建设新时期实践经验的科学总结。

"就单个人来说，他的行动的一切动力，都一定要通过他的头脑，一定要转变为他的意志的动机，才能使他行动起来。"① 也就是说，理论要转化为行动、推动这一理论"进头脑"必须通过培育和铸造价值理念，使正确的价值理念内化为人的意识。人的发展是一个动态的过程，人的转化是一个外在力量促进人内在思想生成的过程，这个过程同时也展现为人的意识发展过程，在这一发展过程中，人的思想认识逐步形成，逐步形成主体对于世界的观念、认知和看法，人们的主观世界被实践所改造，作为个体的单个人和作为总体的人类都是如此。这进一步揭示了人的思想行为的可铸塑性。

习近平新时代中国特色社会主义思想的真理性与人的思想行为的可铸塑性是习近平新时代中国特色社会主义思想"进头脑"的逻辑基础，人的思想行为的可铸塑性和习近平新时代中国特色社会主义思想的真理性，统一于习近平新时代中国特色社会主义思想"进头脑"的过程中。习近平新时代中国特色社会主义思想"进头脑"用这一科学理论来指导实践，进而影响人的主观世界的实践活动，这一科学理论成果立足于社会发展的最大实际，满足广大人民群众对于美好生活的向往，通过理论指导人民群众的实践，引导人民群众树立正确的发展观念和价值体系，实现人的转化，从而追求人的全面发展和社会整体发展。

## 二　科学理论与人的实践双向互动是"进头脑"的实现过程

习近平新时代中国特色社会主义思想"进头脑"不是一个简简单单的复制过程，而是一个有针对性的进行灌输和引导的过程。在这一过程中，要充分调动人的积极性，发挥人的主观能动性，把握现实的人的主要需求，对人们自主构建的主观世界的需求进行把握、激发和提升，推动人们对

---

① 《马克思恩格斯文集》第 4 卷，人民出版社，2009，第 306 页。

习近平新时代中国特色社会主义思想在主观层面形成认同和遵循，转变对习近平新时代中国特色社会主义思想的非全面认知，从而实现行为和思想的转变。人是习近平新时代中国特色社会主义思想"进头脑"的对象，能够将这一理论转化为内在的思想认识和主观意志，运用这一思想理论指导实践，积极适应并推动自己内心世界的矛盾运动，进而铸造与提升自我的灵魂。

体验是人的认识的起点，没有对事物的直接体验，就形不成对事物的直接、准确的认识，是人们在实践活动中开展的反思性的心理过程。思想理论同样如此，没有对其的直接体验，就没有对其直接、准确的认识，也就不可能形成在此基础上的理想信念和价值观念，更不会将这一理论运用于指导实践。"进头脑"的过程和人的认识过程的起点，都是对习近平新时代中国特色社会主义思想的体验。习近平新时代中国特色社会主义思想"进头脑"关注个人对这一科学理论的体验，不是简单重复式地对这一思想进行泛化讲授，更重要的是在现实的基础上，充分认识个体的发展规律和认识规律。每个人都是真实的社会生活和特定精神生活的参与者，都会对当下所处的政治体系中具有指导作用的思想理论体系产生直观的体验，同时会对这一思想理论体系对生活的影响产生自己的感悟。习近平新时代中国特色社会主义思想"进头脑"不只是要向个人、群体和社会灌输、传递知识、思想和理论，而且要让个人、群体、社会理解这一思想理论的精神实质，要通过有组织、有计划、有目的的教育教学活动，让个人、群体和社会以正确的态度去看待知识信息、理论信息及思想信息，进而把这一思想理论和自己的主观世界进行融合，甚至融合进自己的灵魂深处。

然而，仅有体验是不够的，是难以达到理想的目标效果的，还需要个体对习近平新时代中国特色社会主义思想有所认同。认同是一种心理状态或一个心理过程，既是一种静态的结果表现——认同结果，也是一种动态的过程表现——认同过程。这表现为个体的认同是在个体主观认识基础上的一种深化，转化为内在的认可、接受和认同。习近平新时代中国特色社会主义思想虽然是经过实践检验的科学思想理论，但并不是说这一思想理论可以被个人自然而然地认同，这也充分说明"进头脑"工作的必要性。认同习近平新时代中国特色社会主义思想指的是个体在真实体验过后，对这一思想理论的赞同、接受和认可过程，体现为个人认同与这一思想理论所追求目标相一致，体现为个人灵魂的培养和铸造与新时代中国特色社会主义的治国理政要求相一致。认同是在体验的基础上，个人对自己的思想认识进行深化的结果，对习近平新时代中国特色社会主义思想的认同是对这一思想理论所包含的价值规范及精神实质进行认定，进而形成与个人主观利益需求相符的取舍。

在达到认同后，个体会让自己所接受的思想理论转变成自己的行为准则、价值观念及思维方式，即将这一思想理论内容内化，内化是个体的社会意识转变为自己行为习惯的体现。习近平新时代中国特色社会主义思想"进头脑"，是思想理论转变为个人的价值观念、精神追求及理想信念的过程，是个人通过认知过程将外部体验转变为内部思维的过程，同时也是个人主观世界被形塑的过程。这是在真实体验和主观认同的基础上，对这一思想理论的认识的深化，是教育目标的实现过程，是由外向内进行转化的过程。这一内化的达成，标志着"进头脑"工作功能的初步实现，但是"进头脑"是否发挥作用以及发挥作用的大小，还要看个体内化程度的大小。因此，"进头脑"工作必须结合特定个人的特质和思想状况，并遵循时代背景、社会发展背景来选择恰当的教育内容，促进习近平新时代中国特色社会主义思想转变成个人的思想指南，促进个体的思想矛盾运动。

相对于内化而言，外化是指将个人已经纳入自我结构中的各种要素反馈于外在的客观世界中的过程。"进头脑"工作的根本目的是实现个体思想的转变，个体思想的转变必须通过外化表现出来，即通过人的外在的实践活动实现将指导理论转变为实际行动，其核心是对党的领导和执政的认同、支持及拥护，这一外化是对"进头脑"工作效果的检验。因此，缺乏个体的外化表现的"进头脑"工作是没有意义的。"进头脑"工作的外化表现，其实就是个人把自己在习近平新时代中国特色社会主义思想指导下已经定型的、内化了的思想，自主、自觉地转化为外在的实践活动，同时形成相对应的、符合这一思想要求的行为习惯，也即理论指导下的实践活动，是个体意识外显为实践活动的过程，是由内而外的过程。个人通过内化，理解并吸收了习近平新时代中国特色社会主义思想所包含的价值要求和思想理论要求，并将其融入自己的意识结构中，但这一意识转化为个人行为的过程并不是自然而然就能完成的，必须经过一个由知到行的复杂转化过程。

习近平新时代中国特色社会主义思想"进头脑"需要从内化达到外化，需要外部所提供以实现外化的种种条件及途径，同时需要个人的情感、意志和信念等。需要在实践中根据不同个体或群体的特征进行适当的调节，促进个人在科学的理论指导下进行价值观念培育、理想信念塑造及行为养成。

### 三　真理发展与人的四重统一是"进头脑"工作的本质体现

习近平新时代中国特色社会主义思想是新时代我国改革发展所形成的重大理论成果，是植根于新时代背景下人们对美好生活的向往和党治国理政的客观要求，反映了当前世界运动发展的客观规律。习近平新时代中国特色社会主义思想"进头脑"实质上是一种思想精神层面的支柱和寄托。"进头脑"就是用这一思想理论武装人的头脑，进而成为人的价值指引、信仰来源和精神依托。"进头脑"的本质是习近平新时代中国特色社会主义思想与人的思维、利益、思想、行为四个层面的有机统一。

"进头脑"是习近平新时代中国特色社会主义思想与人的思维有机统一的过程。认识是人的头脑对客观世界的反映，如何达到认识必须去思维中寻找，去思维的反思中、构建中寻找。思维的构建是个人用主体的方式去把握客观世界的过程，是个人对客观世界的反映过程，个人总会用自己所有的思维模式和概念来把握世界和认识世界，同时依托思维用自己的理解体系和解释范畴把握客观世界。"进头脑"就是要将习近平新时代中国特色社会主义思想转化成知识信息、理论信息和价值信息，进而将这些信息传输给作为教育对象的个人，个人通过思维将自身的经验性知识和直观性知识转化为抽象的概念及判断，进而将习近平新时代中国特色社会主义思想内化为个体的思维内容和价值要素。习近平新时代中国特色社会主义思想也是感性资料有序化的过程，个体对习近平新时代中国特色社会主义思想的认知既是个体思维构建的过程，也是思维反思的过程。笛卡尔提出的"普遍怀疑论"认为，个体对事物的认识，除了要"明白""清楚"，还需要反思自己，要保持"普遍怀疑"。习近平新时代中国特色社会主义思想在内化成为个体思维的要素后，就完成了思维建构。与此同时，个人还会用这些思维的要素去对自身进行检验和反思，进而也就形成了思维的反思过程。反思是人为认识事物特点的深入再思考，反思的过程是人把握事物规律的过程，也进一步说明了个体对习近平新时代中国特色社会主义思想的把握和理解是一个特殊的矛盾运动的过程。

"进头脑"是习近平新时代中国特色社会主义思想与人的利益有机统一的过程。触动个体的利益是触动和铸造个人灵魂的前提，利益是个体对一定对象的客观需求，利益是对个体有利的，个体的实践行为和思想观念是受到利益驱使的，"人以其需要的无限性和广泛性区别于其他一切动物"①。个人的利益追求直接决定人的主观实践行为，"人们为之奋斗的一切，都同他们的利益有关"②。"进头脑"工作要有目的性地开展，要从利益需求所驱动的个体的实践行为规律和思想规律出发，只有这样才能够达到培养人的目的。从利益需求出发的从思想到行为的实践规律，与人作为实践主体的基本规律一致。一方面，利益需求是个体思想和行动的动力。"如果只讲牺牲精神，不讲物质利益，那就是唯心论。"③另一方面，围绕利益与思想之间的关系，现实的利益问题往往反映的就是个体最直接的思想问题，灵魂的提升及铸造不可能去依靠苍白的口号和空洞的说教。在市场经济体制下，个人的利益观念和意识也在凸显，现实社会中的利益冲突和利益矛盾也时有发生。"进头脑"工作就是要用习近平新时代中国特色社会主义思想去回应广大人民群众正当的利益诉求、去满足广大人民群众的美好生活需要、去积极改造自己的主观世界，在坚持利益与理论、理论灌输与价值引导融合统一的基础上，规范和引导人们追求利益的途径、方法等。"进头脑"工作要达到触动灵魂和改造灵魂的目的，就要在真正把握人的实践行动和思想观念的根本上，从利益需求出发去分析问题、解决问题，充分把握人的行为和思想的变化规律，提升教育效果。

"进头脑"是习近平新时代中国特色社会主义思想与人的思想有机统一的过程。人具有意识并能在意识指导的基础上进行认识世界和改造世界的活动，这是人与动物的根本区别。"进头脑"这一过程实际上并不是自然而然发生的，人这一主体自身的思想只有与习近平新时代中国特色社会主义思想达到融合和统一，才能充分进入人的头脑，从而发挥对于人的实践活动的指导作用。人是处在具体社会环境中的特定的人，"处在现实的、可以

---

① 《马克思恩格斯全集》第38卷，人民出版社，2019，第11页。
② 《马克思恩格斯全集》第1卷，人民出版社，1995，第187页。
③ 《邓小平文选》第2卷，人民出版社，1994，第146页。

通过经验观察到的、在一定条件下进行的发展过程中的人”①。“进头脑”就是要使人在成长过程中自觉地参与政治生活、自主地适应处于变迁中的政治体系，去将新时代下党的政治主张、政治思想、政治理论与个人实践结合，转化成行动自觉。通过习近平新时代中国特色社会主义思想“进头脑”实现影响人、指引人、塑造人，就是使个体内在思想进行矛盾运动，发生转化产生影响，进而去触动人的灵魂、铸造人的灵魂实现个体思想转变的过程。

“进头脑”是习近平新时代中国特色社会主义思想与人的行为有机统一的过程。习近平新时代中国特色社会主义思想“进头脑”就是在个体内在思想进行矛盾运动的过程中，逐渐实现人的思想观念、社会意识的转化或升华，这一思想成为人现实社会活动的指引，实现思想指导行为。在这个过程中涉及思想与行为的有机统一，习近平新时代中国特色社会主义思想符合当下实际，为人们的实践活动提供正确的方式方法、观点、立场等，个体思想的形成是其在所处的时代背景、社会环境下通过实践活动，促使其思想的外在规范与内在转化相统一的过程。同时，行为也会反作用于思想，即行为会对思想产生影响，个人的思想是源自社会客观事实的，个人通过实践产生的思想或者观念，也会反过来影响思想理论，推动思想理论的进一步完善和发展。在认识和理解这一思想的基础上，运用习近平新时代中国特色社会主义思想来指导自身的实践活动，积极参与到社会主义现代化建设的进程中，也是“进头脑”工作的最终目的。

以上四个统一是关系到习近平新时代中国特色社会主义思想“进头脑”工作实效性的有机整体，不是单独存在或者彼此割裂的。思维与理论的相统一是感性认识上升为理性认识的基础，要使广大人民群众对习近平新时代中国特色社会主义思想产生认同，并将这一认同转化为指导实践的行动指南，就要从个体的利益需求出发，对个体思想进行改造和升华，只有促进人的思维、利益、思想、行为同习近平新时代中国特色社会主义思想相统一，才能抓住教育的关键点，进而促进思想向行为的转变，才能在质上实现对习近平新时代中国特色社会主义思想“进头脑”工作实效性的提升。

---

① 李忠军、牟霖：《思想政治教育本质认知理路探析》，《思想理论教育》2012 年第 7 期。

# 第四节　实践育人是推进习近平新时代中国特色社会主义思想"进头脑"的关键环节

社会实践对推进习近平新时代中国特色社会主义思想"进头脑"具有重要作用。一直以来，党和国家高度重视社会实践育人工作，习近平总书记通过座谈、回信等形式，多次强调社会实践在学生成长成才过程中有着重要作用。中共中央、国务院印发的《关于加强和改进新形势下高校思想政治工作的意见》指出，要推进高校思想政治工作改革创新，要强化社会实践育人，提高实践教学比重，组织师生参加社会实践活动。因此，系统构建学校学生社会实践育人体系，深入推进党的创新理论进学生头脑，意义重大。

## 一　社会实践是推动"进头脑"的重要方法

习近平新时代中国特色社会主义思想是马克思主义中国化的最新成果，是党和国家必须长期坚持的指导思想，同时也是当前学生成长成才的重要行动指南。社会实践是整体推进习近平新时代中国特色社会主义思想"进头脑"的重要载体，是对学生进行有效理论武装的重要实践路径。

首先，社会实践是推动习近平新时代中国特色社会主义思想往心里走，以实现学生情感认同的重要基础。社会实践可以促进学生对抽象理论进行具象化体验，产生积极、肯定性情感，并将抽象的理论转化为感情、心理、行为上的认同，促进学生由"知"到"情"再到"行"的转化，进而有助于习近平新时代中国特色社会主义思想往学生心里走，以实现学生情感认同。

其次，社会实践是推进习近平新时代中国特色社会主义思想往深里走，以实现学生价值认同的重要举措。社会实践的价值旨归在于实现学生价值观的培育，只有在情感认同实现了的基础上，方能深化价值认同。在知行合一的社会实践中，学生从"体验式"的情感认同进而转变为"思考式"的价值认同，在了解国情民情中实现自我价值，真正推进习近平新时代中国特色社会主义思想往深里走。

最后，社会实践是推进习近平新时代中国特色社会主义思想往实里走，以实现学生信仰认同的重要助力。唯有通过社会实践，才能助推学生从认知、认同到自觉践行，逐步将理论思维内化于心理深层结构，形成判断标准与价值选择，以促使学生真正实现信仰认同，催生出理论武装的整体效能，推进习近平新时代中国特色社会主义思想往实里走。

## 二 当前实践育人工作中存在的主要问题

当前，社会实践工作虽然取得了一定成效，但在体制机制、实践模式、育人实效等方面还存在一些问题，特别是在推动习近平新时代中国特色社会主义思想"进头脑"的广度和深度上做得还不够，理论武装的针对性和有效性还不强。

体制机制有待深化。学校有关部门利用课余时间、假期组织学生走进社会，开展了多种形式的社会实践活动，进行了积极的探索，取得了一定成效，但在发挥主动性积极协同有关部门参与上，仍需要在体制机制上进一步加强。当前，社会实践往往"按需"组团，尚缺乏系统化设计，特别是在社会实践中融入理想信念教育、开展行前理论教育培训还比较缺失，尚未把思想政治教育有效融入社会实践活动的全过程，致使社会实践往往浮于表面，缺乏理论武装的实际效果，对学生的政治引领还不够。

实践模式亟待优化。一些学校在社会实践模式安排上，未能充分考虑同智育、体育、美育、劳育等教育形式有机结合，与第一课堂的结合还不充分。在很大程度上，现有的社会实践主要停留于"以点带面"的"精英化"社会实践。在有限的资源配置下，学校大多组织少数优秀学生开展社会实践，以期发挥引领示范效应。虽然"精英化"的社会实践能起到一定的成效，但尚需要扩大社会实践覆盖面，以提升实践育人效能。

育人实效尚不显著。当前社会实践形式，仍以参观考察、公益服务等社会体验类居多，科技创新、自主创业、学术服务等专业提升类较少。在社会实践的过程中，更多的是"体验式"的"走走看看"，既未能形成系统的、整体化的实践活动体系，也没有形成全面的设计、组织、监督、评价、激励和反馈体系，忽视了对社会实践的效果进行合理的综合评价和效果监督，社会实践的育人实效并不显著。

### 三　系统建构学校社会实践育人体系的主要突破点与有效举措

学校社会实践工作改革的突破点应从系统化建构上下功夫，在强化理论武装、丰富实践内容、创新实践形式、优化运行机制、突出育人内涵等方面不断深化，进一步提升学校社会实践的育人实效和成效，切实推动习近平新时代中国特色社会主义思想"进头脑"。

强化理论武装，加强社会实践中的政治思想引领。一是要把坚持以马克思主义为指导落实到社会实践各环节、全过程。社会实践是习近平新时代中国特色社会主义思想学以致用的重要路径，要推动理论武装走心走深走实，旗帜鲜明抵制潜在的错误观点和思潮。二是开展好社会实践行前理论教育培训，突出党史、新中国史、改革开放史、社会主义发展史学习教育在社会实践中的实际融入。三是推动理想信念教育在社会实践中常态化、制度化，在社会实践全过程中贯通爱国主义、集体主义、社会主义教育，发挥好政治引领作用，引导学生不断坚定"四个自信"。

丰富实践内容与形式，搭建多元立体式实践平台。一是在实践内容上，不断拓展既有的"看家乡""三下乡"等实践内容，将思想政治教育有机融入其中，使学生从直接的体验中获得情感的共鸣、感性的认识和价值的认同。二是在实现途径上，搭建类型多样的社会实践活动平台。以学生的个性化、多样性需求为本，建立起教学实践、科技实践、创业实践、公益实践、文化实践、劳动实践、艺术实践、体育实践等多元社会实践平台。充分发挥学生在社会实践活动中的主体作用，培养并提升学生自我教育、自我管理、自我服务的能力。

优化运行机制，打造协同联动的"实践育人共同体"。一是要明确社会实践目标在于育人，要在人才培养的整体方案中加强顶层设计，确立实践育人的重要地位、明确实践育人具体要求、建立实践育人完整体系。二是要进一步明确各方协同育人的责任主体。要明确社会实践各个环节、各项活动的主体责任、各项实践活动的目标要求。三是构建科学测评体系。建立多元多层、科学有效的学校社会实践工作测评指标体系，完善过程评价和结果评价相结合的实施机制，引导学工、团委、教务、科研等部门及各院系树立共同参与的实践育人理念，形成协同推进实践育人的共识。四是强化社会实践协同保障。在志愿服务、创新创业、实践教学、学科竞赛等各类管理办法中，落实实践育人要求。做好学校社会实践工作专项资金使用管理，强化经费投入的育人导向。

加强师资配备，建设结构优化、专业扎实的指导教师队伍。一是学校要重点从马克思主义学院等专业学院中，选拔具有特定学科背景的优秀教师担任指导教师。要建设社会实践指导教师库，选拔综合素质过硬的优秀教师担任社会实践指导教师，进一步优化指导教师的专业结构。二是加强对社会实践指导教师的"岗前"培训，避免出现过于"个性化""走过场"式指导，以提升指导教师的专业化水平。三是提升社会实践指导教师的激励保障，将指导社会实践纳入教师考评体系，在职务晋升等方面提高指导社会实践工作成果的权重。

提升研究水平，以理论创新推动工作创新。一是推动筹建学校社会实践工作新型智库。切实发挥学校学科齐全、人才密集和对外交流广泛的优势，推动学校社会实践智力服务能力整体提升，努力建设一批社会实践专题数据库、实验室和有关研究基地。二是探索社会实践相关交叉学科建设。充分挖掘、汇聚社会实践相关既有学科的优势资源，依托学科建设进一步强化立德树人鲜明导向，真正将社会实践纳入学校人才培养体系。三是丰富社会实践研究理论成果。编制社会实践理论指导读物、社会实践师生培训手册，出版社会实践相关成果集等，固化理论研究成果，不断推动社会实践研究水平提升。

# 第五章　习近平新时代中国特色社会主义思想"三进"工作中的教师队伍建设

全面推进"三进"工作需要切实发挥教师队伍主力军的作用，因而需要加强"三进"工作教师队伍建设。当前，我国"三进"工作教师队伍仍处在"综合搭建"向"内部细化完善"的战略转型阶段，在人员架构、组织机构、学科建设、培养培训等方面都亟待完善升级。习近平总书记在学校思想政治理论课教师座谈会上对新时代思政课教师提出了明确要求。"政治要强""情怀要深""思维要新""视野要广""自律要严""人格要正"这"六要"，是党和国家对"三进"工作教师核心要求的精准阐释。"三进"工作教师要牢牢把握"六要"的目标定位，理解掌握"六要"的内涵本质，在学思践悟中提升探索"六要"落地生根的实践路径。

## 第一节　教师队伍建设的历史方位

"教育大计，教师为本。"[①] 当前，各级学校都将教师队伍建设作为"三进"工作的基础工程来抓，"三进"工作理念在教师队伍中不断强化，逐渐形成全员全过程全方位的工作格局。但是，与"三进"工作目标要求相比，"三进"工作教师队伍建设在人员架构、组织机构、学科建设、培养培训等方面仍处在"综合搭建"向"内部细化完善"的战略转型阶段。因此，要牢牢把握"三进"工作教师队伍建设的历史方位，努力提升"三进"工作教师队伍的政治素养、理论学养、人格修养、专业涵养。

---

① 《江泽民文选》第 3 卷，人民出版社，2006，第 502 页。

## 一　人员架构从扩充数量向提升质量转型

"三进"工作教师队伍建设在人员架构上，正处在从扩充数量向提升质量转型的阶段。2008 年，《中共中央宣传部 教育部关于进一步加强高等学校思想政治理论课教师队伍建设的意见》明确教师队伍数量要求，"各高等学校要根据专任为主、专兼结合的原则，按照学生人数以及实际教学、科研和社会服务的需要，合理核定专任教师编制，配备足够数量和较高质量的思想政治理论课教师。本专科思想政治理论课专任教师要总体上按不低于师生 1：350—400 的比例配备"[①]。这个规定一直持续实施到 2015 年中央宣传部、教育部印发《普通高校思想政治理论课建设体系创新计划》和教育部修订《高等学校思想政治理论课建设标准》。"三进"工作教师队伍人员在思想政治教育队伍基础上进一步遴选产生。在中央有关部门加强顶层设计、各地方全力支持下，"三进"工作教师队伍数量紧缺问题得到改善，教师队伍结构比例不协调问题得到优化，"三进"工作教师队伍规模不断扩大，在"三进"工作教师队伍中，中青年教师占据半壁江山，逐渐成为"三进"工作教师队伍中的中坚力量。但是，面对中华民族伟大复兴战略全局和世界百年未有之大变局的新局面、面对日趋复杂的国际国内新环境、面对纷繁复杂的社会思潮和意识形态领域的严峻形势，"三进"工作作为思想政治教育工作的重要环节，还存在理论研究不深入、教学"说服力不强"、育人"自信心不足"等问题，这就进一步要求提升"三进"工作教师队伍的质量。因此，"三进"工作教师队伍建设在人员架构方面急需从扩充数量向提升质量转型升级，明确制定教师队伍在政治品质、师德师风、理论水平、教学能力等方面的标准，严格审查"三进"工作教师队伍的准入资格，加强"三进"工作教师队伍动态管理，让更多有理想信念、有道德情操、有扎实学识、有仁爱之心的优秀教师加入"三进"工作教师队伍。

## 二　组织机构上从初步设立向全面建设转型

"三进"工作教师队伍建设在组织机构上，正处在从初步设立向全面建

---

[①]　教育部思想政治工作司组编《加强和改进大学生思想政治教育重要文献选编（1978—2014）》，知识产权出版社，2015，第 375 页。

设转型的阶段。2008 年，《中共中央宣传部 教育部关于进一步加强高等学校思想政治理论课教师队伍建设的意见》明确教师队伍组织机构的要求，"各高等学校应当建立独立的、直属学校领导的思想政治理论课教学科研二级机构。该机构是思想政治理论课教学部门和马克思主义理论研究机构，又是马克思主义理论学科点的依托单位"①。在各方的共同推动和努力下，全国基本全面建立了思想政治理论课教学科研二级机构。"三进"工作教师队伍所属机构初步建立。在 2016 年全国高校思想政治工作会议召开后，《高等学校马克思主义学院建设标准》发布实施，教育主管部门经过指导考察，推选出一批全国重点马克思主义学院。在首批全国重点马克思主义学院的示范引领下，"三进"工作教师队伍所属机构逐渐加大建设力度。但是，部分"三进"工作教师队伍所属机构不能实际有效运行，仅仅停留在初步建立的阶段，需要进一步提升教学组织和管理服务的水平。因此，"三进"工作教师队伍建设在组织机构方面急需从初步设立向全面建设转型升级，加强组织领导，完善框架体系，制定发展规划，要建立好"三进"工作教师队伍建设的制度，将其力量充分调动起来，通过全社会的共同努力，让其感受到这份工作的使命感和责任感。要解决好工资待遇的问题，利用好多元化的激励机制鼓舞斗志，催人奋进。

## 三 学科建设上从成果积累向教研相长转型

"三进"工作教师队伍建设在学科建设上，正处在从成果积累向教研相长转型的阶段。2005 年，《中共中央宣传部 教育部关于进一步加强和改进高等学校思想政治理论课的意见》明确提出："高等学校思想政治理论课承担着对大学生进行系统的马克思主义理论教育的任务，是对大学生进行思想政治教育的主渠道。"② 2008 年，《中共中央宣传部 教育部关于进一步加强高等学校思想政治理论课教师队伍建设的意见》进一步提出："大力加强

---

① 《中共中央宣传部 教育部关于进一步加强高等学校思想政治理论课教师队伍建设的意见》，中华人民共和国教育部官方网站，http://www.moe.gov.cn/s78/A13/s7061/201410/t20141021_178938.html，最后访问日期：2025 年 3 月 24 日。

② 《中共中央宣传部 教育部关于进一步加强和改进高等学校思想政治理论课的意见》，中华人民共和国教育部官方网站，http://www.moe.gov.cn/s78/A13/sks_left/s6387/moe_772/tnull_9310.html，最后访问日期：2025 年 3 月 24 日。

马克思主义理论学科建设。根据马克思主义理论学科的性质、特点和要求，进一步凝练学科方向，把为思想政治理论课教学服务作为学科建设的重要任务。"① 2012 年，国务院学位委员会印发《关于进一步加强高校马克思主义理论学科建设的意见》，再次明确了马克思主义理论学科全面建设的要求。在各方的共同推动和实施下，马克思主义学科建设更加科学化、规范化、系统化，也在各方面积累了丰硕的成果。习近平新时代中国特色社会主义思想是马克思主义中国化的最新成果，是马克思主义学科建设的重要分支，也在理论研究、基地建设、人才储备等方面有了一定积累。但是在"三进"工作实践中，部分学校还存在"重视学术研究、轻视教学服务"的问题，使课堂教学存在"理论深度不够""内容空洞""言之无物""与现实脱节"等现象。丰硕的学术理论成果没有反哺课堂教学，课程建设没有得到学科建设足够支撑，这给"三进"工作教师队伍建设造成了不利的影响。因此，"三进"工作教师队伍建设在学科建设方面急需从成果积累向教研相长转型升级，让研究反哺教学，让理论深化课堂，激活"科研联动课堂""学术联结学生"的传动机制，使丰硕的理论成果更好地助力理论传播。

## 四 培养培训上从初具雏形向提升效果转型

"三进"工作教师队伍建设在培养培训上，正处在从初具雏形向提升效果转型的阶段。2005 年，《中共中央宣传部 教育部关于进一步加强和改进高等学校思想政治理论课的意见》强调："要建立和完善思想政治理论课教师队伍培训体系，加强高等学校思想政治理论课教师队伍建设。"② 2008 年，《中共中央宣传部 教育部关于进一步加强高等学校思想政治理论课教师队伍建设的意见》明确要求："重点深化岗前培训、课程轮训、骨干教师研修和在职培训。"③ 2015

---

① 《中共中央宣传部 教育部关于进一步加强高等学校思想政治理论课教师队伍建设的意见》，中华人民共和国教育部官方网站，http://www.moe.gov.cn/s78/A13/s7061/201410/t20141021_178938.html，最后访问日期：2025 年 3 月 24 日。

② 《中共中央宣传部 教育部关于进一步加强和改进高等学校思想政治理论课的意见》，中华人民共和国教育部官方网站，http://www.moe.gov.cn/s78/A13/sks_left/s6387/moe_772/tnull_9310.html，最后访问日期：2025 年 3 月 24 日。

③ 《中共中央宣传部 教育部关于进一步加强高等学校思想政治理论课教师队伍建设的意见》，中华人民共和国教育部官方网站，http://www.moe.gov.cn/s78/A13/s7061/201410/t20141021_178938.html，最后访问日期：2025 年 3 月 24 日。

年，中共中央宣传部、教育部印发《普通高校思想政治理论课建设体系创新计划》明确要求，"进一步完善教师培养培训制度。逐步健全完善国家示范培训、省级分批轮训、学校全员培训紧密衔接、相互补充的三级培训体系"①。教育部 2015 年修订的《高等学校思想政治理论课建设标准》也专门提出了明确的考核指标体系。"三进"工作教师培养培训体系，也伴随思想政治理论课教师队伍培养培训体系的规范而建立。在各方的共同推动和实施下，"三进"工作教师培养培训体系初步建立，逐渐形成一定规模。特别是在培训实践中，构建中央、地方、学校之间立体分工的格局，形成全员培训、骨干培养、在职博士深造、国内外学习相结合的分层分类培训形式。但是，在"三进"工作教师培养培训中还存在一些问题，如对理论难点和痛点的回答不够有针对性，教学方法的实践培训较少，互联网新思维和新技术的应用较少。因此，"三进"工作教师队伍建设在培养培训方面急需从初具雏形向提升效果转型升级，努力提高"三进"工作教师培训的针对性、实操性，使"三进"工作与时俱进、因地制宜。

## 第二节　教师队伍建设的目标要求

2019 年 3 月 18 日，习近平总书记在学校思想政治理论课教师座谈会上对思想政治理论课教师提出了明确的要求，即"政治要强""情怀要深""思维要新""视野要广""自律要严""人格要正"。"六要"为"三进"工作教师队伍建设指明了方向，提供了重要的遵循。

### 一　政治要强

习近平总书记提出，思政课教师"政治要强。思政课要解决学生理想信念问题。要让有信仰的人讲信仰。……要善于从政治上看问题，自觉用新时代中国特色社会主义思想武装头脑，在大是大非面前保持政治清醒"②。政治要强是"三进"工作教师核心素养的首要素养。"三进"工作最根本的

---

① 《中央宣传部 教育部关于印发〈普通高校思想政治理论课建设体系创新计划〉的通知》，中华人民共和国教育部官方网站，http://www.moe.gov.cn/srcsite/A13/moe_772/201508/t20150811_199379.html，最后访问日期：2025 年 3 月 24 日。
② 习近平：《思政课是落实立德树人根本任务的关键课程》，人民出版社，2020，第 12~13 页。

属性是政治属性。作为"三进"工作最根本属性的执政属性，要求传道者必先明其道、信其道，做到政治素养过硬，切实成为马克思主义的信仰者、传播者、践行者、维护者。

政治素养是个人政治观念、政治态度、政治立场等各种政治心理的总和，是政治心理长期外化的稳定表现的政治品质。"三进"工作教师政治品质好坏直接影响到国家教育事业蓝图的实现，影响到学校育人工作的开展，影响到学生思想品质、政治素养的养成。因此，"三进"工作教师必须具备高度的政治判断力、政治领悟力、政治执行力，成为党执政的坚决支持者、党的最新理论的传播者。

第一，"三进"工作教师要有坚定的信仰。具体来说，坚守马克思主义信仰是"三进"工作教师的信仰纯洁性表现，是"三进"工作教师安身立命的根本。"三进"工作教师必须信仰坚定、政治过硬，在任何大是大非问题面前保持清醒的政治头脑，从更高的政治站位上看待问题挑战，牢记教育者的初心和责任，始终对党忠诚、对党负责，坚决维护党中央权威和集中统一领导，在思想上、行动上同党中央保持高度一致。"三进"工作教师只有保持清醒的政治头脑和敏锐的政治判断力，具备坚定的马克思主义信仰，自觉向党中央看齐，才能真正发挥"三进"工作教育实效。

第二，"三进"工作教师要加强对习近平新时代中国特色社会主义思想的学习。当前，国内外形势严峻复杂，多元化社会思潮潜隐弥散，"三进"工作教师思想很容易受到外界影响，其信仰的坚定不是一劳永逸的，需要不断加强理论学习。"三进"工作教师要"学经典、悟原理"，在学懂弄通上下苦功夫，深刻领会基本原理、科学内涵、核心精髓，努力做到对习近平新时代中国特色社会主义思想真学活用。"理论只要彻底，就能说服人。"[1] 只有深刻理解理论，才能科学地将其运用到实际教学工作之中，才能更好地把握新形势，才能更具备解答新问题新困惑的能力。"理论上清醒，政治上才能坚定。"[2]"三进"工作教师要筑牢信仰的根基。

第三，相关部门要严格制定"三进"工作教师遴选标准，规范选拔任用，突出政治标准、政治导向、政治要求。坚定的政治信仰是"三进"工

---

[1]　江泽民：《论党的建设》，中央文献出版社，2001，第534页。
[2]　《习近平谈治国理政》第二卷，外文出版社，2017，第35页。

作教师的首要品质。如果在重大理论和政治问题上模糊不清，怀疑马克思主义，不相信共产主义，与党的政策、方针、路线背道而驰，这样的"三进"工作教师即使其他方面能力再强，也不是一个合格的教师，也不能担当立德树人的时代重任。因此，在遴选、聘用"三进"工作教师时，相关部门要考虑到"三进"工作的政治特殊性，将政治标准作为首要标准，严把政治关，将政治要求和学术要求相统一，努力打造高水平的"三进"工作教师队伍。

## 二 情怀要深

习近平总书记提出，思政课教师"情怀要深。……思政课教师要有家国情怀，心里装着国家和民族，在党和人民的伟大实践中关注时代、关注社会，汲取养分、丰富思想"①。家国情怀是中华优秀传统文化的精髓，是爱国与爱家相统一的体现。在每一个中国人的心里，国就是无数个小家，人们像爱自己的家一样爱自己的祖国。这种家国情怀流淌在中华民族源远流长的文化长河之中，其内涵在悠久的历史进程中不断丰富和深化，在一代又一代中国人为实现中华民族伟大复兴事业的奋斗中得以传承和发扬。"三进"工作教师只有心中始终装着国家和民族，高举爱国主义旗帜，才能引导广大青年将自身前途命运与国家的发展事业紧密结合起来，奉献青春，报效祖国。

"三进"工作教师要面向时代、心怀家国，将小我融入大我，用思政小课堂撬动社会大课堂，做新时代有大爱、大情怀、大格局的教育者。在"三进"工作实践中，要把对国家的情感认同注入工作实际，用小故事传递大情怀，用马克思主义中国化最新理论成果指导学生学习生活实际，激发学生爱国情、报国志，鼓舞学生与祖国同命运、与人民共奋斗。只有这样，"三进"工作教师才能承担起培养社会主义合格建设者和可靠接班人的时代使命。

"三进"工作教师要增强"为党育人、为国育才"的责任与担当。"三进"工作教师肩负着立德树人的时代使命，不仅要敢于担当，而且要勇于担当，这是对国家育人事业负责、对历史负责。必须坚持国家至上、民族

① 习近平：《思政课是落实立德树人根本任务的关键课程》，人民出版社，2020，第13页。

至上、人民至上，时刻关注时代动向、关注社会民情，将深切的家国情怀和家国大义融入民族精神和时代精神之中，高举爱国主义的鲜明旗帜，用传道授业解惑的实际行动投身于实现中华民族伟大复兴的进程中，不仅实现自我价值的提升，而且承担立德树人的使命。

"三进"工作教师不仅要通过不断学习最新理论知识和参加各种培训来提升政治素养和理论涵养，还要善于从中华优秀传统文化中汲取能量和养分，在提升自我家国情怀的同时，也要为新时代家国情怀注入时代元素，丰富和发展新时代家国情怀、爱国主义精神的内涵。"三进"工作教师只有心里装着党、国家、民族、人民，用真心、真情、真行教书育人，才能引导学生厚植爱国主义情怀，听党话、跟党走，才能激发学生树立为中华之崛起而读书的理想，才能带动学生以实际行动贡献青春力量、报效祖国，做新时代的爱国者。

### 三　思维要新

习近平总书记提出，思政课教师"思维要新。……要学会辩证唯物主义和历史唯物主义……创新课堂教学，给学生深刻的学习体验……引导学生树立正确的理想信念、学会正确的思维方法"[①]。"互联网+"时代的到来，信息化、网络化、数字化及智能化的发展催生了知识传播和获取的新形式与新业态，"教"和"学"的方式与形式都在科技革命中发生了变化。移动互联时代中的学生信息获取渠道广泛，有较强的自主学习能力，这就要求"三进"工作教师紧跟时代步伐，敢于接受新事物新思维，不断创新教育教学方式。

第一，要创新思维，运用顺应时代发展的新思想指导教学实践。在实际教育工作中，"三进"工作教师要充分把握新时代学生特点，发挥学生主观能动性，转变"说教"等单一枯燥的教学方式，精心设计教学内容，采用启发式教学方式，用学生喜闻乐见的方式增强学生的学习兴趣，吸引学生主动参与到课堂中，提高课堂抬头率。

第二，要创新教学内容，把习近平新时代中国特色社会主义思想融入教学中。在内容为王的时代，创新"三进"工作内容至关重要，为此，"三

---

① 习近平：《思政课是落实立德树人根本任务的关键课程》，人民出版社，2020，第14页。

进"工作教师要不断加强理论学习，用马克思主义中国化最新理论成果武装头脑，并将最新理论成果转化为学生可以掌握的课堂语言，融入实际教学过程中，增强课堂内容的前沿性。"三进"工作教师要用习近平新时代中国特色社会主义思想回应学生关心的热点问题，在是非问题上旗帜鲜明，站稳政治立场，把握政治方向，筑牢学生信仰之基。

第三，要加强学术研究，提高习近平新时代中国特色社会主义思想理论创新能力。"三进"工作教师既是宣传者，也是教育者，更是研究者。"三进"工作教师要做到三种身份的有机统一、有机结合。"三进"工作教师的学术水平和学术能力是教学水平的基础。"三进"工作教师应该用科学的学术立场、观点、思维去解读教学内容，用最新的学术研究成果深化教学内容。"三进"工作教师只有不断深化学术研究，将最新学术成果融入课堂教学实践中，才能更好地引导学生深刻理解和认识党的最新理论、方针和政策。

第四，要创新教学方式，因材施教。学科背景不同、所在年级不同，学生都会有不同的特点。在实际教学过程中，"三进"工作教师面对不同学生不能一成不变，要做到"因事而化、因时而进、因势而新"，要充分掌握学生特点，探索新的教学方式方法。综合运用启发式教学、案例分析式教学、讲授式教学等方法，创新教学方式，引导学生进行互动式、合作式、探究式学习，激发学生兴趣点，减少学生距离感，使学生能主动融入课堂学习中，增强学生获得感。

第五，要创新话语体系，用生动的语言增强"三进"工作的吸引力。"三进"工作的魅力在于理论联系实际，既要用科学的理论、真理的力量说服人，也要用生动的语言、鲜活的案例、新颖的形式吸引人。因此，"三进"工作教师要改变道理讲不透、学生听不进的窘境，关注学生热议话题，主动学习"微时代"话语方式，更新话语库，以小故事引出大道理，用生动的语言将政治性、学理性强的理论知识传授给学生，增强教育教学的亲和力和吸引力。

## 四　视野要广

习近平总书记提出，思政课教师"视野要广。思政课教师要有知识视野……国际视野……历史视野……通过生动、深入、具体的纵横比较，把一些道理讲明白、讲清楚"①。视野决定格局，格局决定结局。习近平新时代中国特色社会主义思想具有很强的理论性与时代性，"三进"工作教师想把理论讲清楚、道理讲明白，就必须具备广阔的知识视野、国际视野、历史视野，将教学内容具体化、充实化、鲜活化。

"三进"工作教师要具有知识视野。习近平新时代中国特色社会主义思想涉及的领域非常广泛，包括哲学、政治学、经济学、社会学、法学等诸多方面。扎实的学识是"三进"工作教师的立身之本，除了要扎实掌握专业知识外，还需要拓宽知识面，广泛涉猎人文社会科学、自然科学的知识，学贯中西、博古通今。习近平新时代中国特色社会主义思想在不断深化和发展，"三进"工作教师也需要与时俱进，及时学习最新的理论知识，完善知识结构，扩充自身知识储备。只有拥有广阔的知识视野，"三进"工作教师才能将理论讲透彻、说明白。

"三进"工作教师要具有国际视野。当前，世界经济全球化不断深入，各国政治、经济、文化交流合作越发密切。"三进"工作教师不能闭门造车，要具备国际眼光、全球视野，学习和借鉴西方国家成功的经验，博采众长。同时，"三进"工作教师只有具备开阔的国际视野才能看清楚国际形势，了解国际局势的发展方向和世界经济的发展脉络，跟上时代前进的步伐。"三进"工作教师要善于运用国内外的数据、案例，通过中西方的对比讲明白道理，让学生在比较中全面了解当代中国、科学理性看待外部世界，引导学生从全人类发展的战略高度深刻把握中国特色社会主义发展的必然性。

"三进"工作教师要具有历史视野。学史明理、学史增信、学史崇德、学史力行，历史是最好的教科书。"三进"工作教师要善于从对历史的深入思考中总结经验、汲取智慧、获取能量，增强信心，走向未来。历史也是最好的清醒剂、最好的营养剂。要认真学习党史、新中国史、改革开放史、社会主义发展史，把握历史规律，挖掘历史资源，用历史思维去分析当前形势，引导学生在"四史"教育中领会党的历史成就、历史使命和历史必然。

视野要广就要求"三进"工作教师自我学习、自我充电、自我教育。

---

① 习近平：《思政课是落实立德树人根本任务的关键课程》，人民出版社，2020，第14~15页。

马克思强调："教育者本人一定是受教育的。"① 活到老，学到老，"三进"工作教师要在自觉和自主的学习中拓宽知识面、扩大胸怀视野、构建复合型知识体系。"三进"工作教师要在不断自我学习过程中培养各方面思维，包括辩证思维、历史思维、国际思维、创新思维等；要注重全面扎实多渠道的学习，包括从书中学、在做中学等；要与时俱进，不断了解新领域、开辟新疆域、掌握新技术，做到"见博则不迷"。

## 五　自律要严

习近平总书记提出，思政课教师"自律要严。……做到课上课下一致、网上网下一致……自觉弘扬主旋律，积极传递正能量"②。自律不严，何以服众。"三进"工作教师从事的是铸魂育人的伟大事业，要在学生心里播撒真善美的种子，责任重大，更要严格约束自己，必须统一言行，做到言传和身教相统一，用高尚的思想品德感染学生，做到以理服人、以德服人。只有做到言传和身教相统一，才能让学生看到真善美，才能使学生真正做到知信行统一。

"三进"工作教师要牢牢把握课堂教学内容，严格做到课堂讲授守纪律，在思想上、政治上、行动上与党中央保持一致，自觉弘扬主旋律，传播正能量。"三进"工作教师要坚决维护中国共产党的领导。不论在任何时候，在重大原则和大是大非面前不能搞中立，必须立场坚定、态度鲜明。要严守纪律，精心设计课程内容，牢记自己作为思想政治引领者的初心和使命，不向学生传递不良信息，积极营造健康向上的育人氛围。

"三进"工作教师要将社会主义核心价值观作为行动的基本遵循。社会主义核心价值观是中国特色社会主义的精神旗帜，是全国各族人民的共同价值追求。"三进"工作教师的一言一行都会影响学生的价值判断，要始终牢记立德树人的使命和担当，将社会主义核心价值观融入教书育人全过程，时刻注意言行，严于律己，切实做到在学生前学生后一致、课堂内课堂外一致、网络上网络下一致，在言传身教中积极传递正能量。

"三进"工作教师要注重道德教化，自觉将道德要求内化为道德品质，

---

① 《马克思恩格斯文集》第 1 卷，人民出版社，2009，第 500 页。
② 习近平：《思政课是落实立德树人根本任务的关键课程》，人民出版社，2020，第 15～16 页。

外化为日常行为。教育的主体是学生，学生年龄小、思想行为尚未定型，仍具备较强的可塑性，但是也很容易被影响。"三进"工作教师不仅要向学生讲授做人的大道理，还要树立高尚的道德品质，在日常学习生活中对学生产生潜移默化的影响，使学生在人格塑造的过程中受到正向引领。教师的一言一行都会影响学生的价值判断，必须率先垂范，用高尚的人格感染学生，用真善美的行为引领学生，发挥示范效应，身体力行引导学生成为德才兼备的社会主义合格建设者和可靠接班人。

"三进"工作教师要严格要求自己，自觉接受社会各界监督。"三进"工作教师在教学中不仅要接受学生的监督，而且要接受学校主管部门等教育系统的监督，还要接受家长、媒体等社会各界的监督，在社会各界的监督中做到言行举止符合规范。教育主管部门还要搭建多层次师德师风监督管理平台，一经发现有违规违纪行为，按照相关规定严格实施惩戒，做到有法可依、有法必依、执法必严、违法必究。各级学校应当在教师队伍中着力发掘品德高尚、素质过硬的优秀代表，在全校范围内通过召开优秀表彰大会、先进事迹报告会等多种形式，进行广泛宣传，形成比学赶超的良好氛围，带领教师队伍道德修养的整体提升。教师要以这些优秀代表为标杆，学思践悟，争先创优，努力弥补自身不足，始终把涵养品德作为人生课题。

## 六　人格要正

习近平总书记提出，思政课教师"人格要正。有人格，才有吸引力。亲其师，才能信其道。思政课教师要有堂堂正正的人格，用高尚的人格感染学生、赢得学生。要有学识魅力，用真理的力量感召学生，以深厚的理论功底赢得学生……自觉做为学为人的表率，做让学生喜爱的人"[①]。"三进"工作的成效往往与其工作队伍的整体人格素养息息相关。一个人的人格通常是由其知识储备、各方面能力、道德素质等组成的，一般能够内化于心、外化于行，得到周围人的认可和称赞。教师由内而外散发的人格魅力是得到学生充分尊重和广泛认可的基础。

于学生而言，教师的人格魅力是一种精神上的鼓舞，有着"随风潜入

---

① 习近平：《思政课是落实立德树人根本任务的关键课程》，人民出版社，2020，第16～17页。

夜，润物细无声"的特殊作用，给学生极大的精神振奋和内心触动。特别是在课堂上，教师要注重发挥其"领航人"的作用，通过发挥其人格魅力引领学生树立正确的"三观"。

"三进"工作教师只有通过由内而外散发的人格魅力去吸引学生，得到学生的内心崇拜，才能实现"三进"工作立德树人的目标。当前，学生学业压力负担日益加重，"三进"工作教师要想在这个过程中赢得学生的内心认同，使其主动接受习近平新时代中国特色社会主义思想"进头脑"，就必须从自身做起，涵养品德，提升人格魅力，使自身的人格高度能够与"三进"工作的内在要求相匹配。

第一，"三进"工作教师必须有一颗炽热的心，燃烧自己，照亮学生。唯有热爱，才能在"三进"工作中做到毫无保留、倾尽全力。"三进"工作教师作为学生走向社会、"系好人生第一粒扣子"的教育者，不仅要传道授业解惑，还要把自己内心对这份事业的心血倾涌而出，努力塑造新时代中国特色社会主义事业的合格建设者和可靠接班人。第二，"三进"工作教师要严格遵守《新时代高校教师职业行为十项准则》所规定的"十条红线"，严于律己，勤奋求实，在学生中树立良好的道德形象，在对学生品德素养的教化中，努力做到言传身教、令人信服。第三，教育的核心是传递爱，在学生的内心撒下真善美的种子。教师必须有一颗仁爱之心，能够在思想引领的教育过程中直达学生的内心，把学生当作自己的孩子去尊重去关爱，看到学生在"三观"树立过程中的进步与成长，从而得到学生的认同和肯定，在教学相长中使自己在学生的每一次进步中增强获得感。

"其身正，不令而行；其身不正，虽令不从。""三进"工作教师要以德立身，成为学生的人格榜样；要以德立学，用深厚的知识储备和扎实的理论功底征服学生；要以德施教，在教学相长的过程中，与学生同向同行，共同进步。当今社会物欲横流，充满了各种诱惑，教师要坚守阵地，坚持立德树人的根本任务，不断加强自我修养，以更高的道德标准严格要求自己，在言传身教中发挥自身人格魅力，激发学生对习近平新时代中国特色社会主义思想的思想认同、价值认同、情感认同。真理的味道是甜的，教师要通过自身的人格魅力让学生感受到这份"甜"，共同品尝这份"甜"，并且将这份"甜"分享传递出去。

# 第三节　教师队伍的培育路径

培养"三进"工作教师的"六要"核心素养是一项系统性工作，需要积极、全面发挥教师、学校、国家等合力作用。

## 一　加强教师队伍建设的顶层设计

培养"三进"工作教师"六要"核心素养，需要创设良好的便于其核心素养提升的环境，要通过相关部门有效的政策保障，从国家层面提高队伍建设的全局性和战略性。首先，要解决"三进"工作教师的来源问题。综观"三进"工作教师队伍发展历程，我国一直以来都是专职教师和兼职教师共同执教的队伍结构，但同时也存在专职"三进"工作教师人才短缺的问题。因此，在新时代，我们要加强对"三进"工作教师队伍专业化建设，加强对"三进"工作人才培育基地的建设、人才储备工作的重视。在国家层面，需要相关部门出台政策制度，保障马克思主义相关学科、马克思主义学院及其他相关学院的建设，以便能更好地培育具备马克思主义理论素养的青年授课人才。其次，要解决提高"三进"工作教师职业认同感的福利待遇问题。在薪资报酬保障的基础上，要加强"三进"工作教师激励机制的建设，通过精神奖励和物质奖励相结合的方法方式，嘉奖在课程授课、学术研究等方面有突出贡献的教师。再次，还需要制定科学的计划，加强对教师的教学能力和科研能力的培养，提供和创造相对应的培训，全方位地提升"三进"工作教师的专业技能。对于评价机制也需要有针对性地进行改善。对于"三进"工作教师的评价往往是采取和其他课程任课教师一样的评价指标体系，显然和"三进"工作定位不相吻合。在国家层面，应该通过相关部门制定一个有针对性、适应"三进"工作教师的评价体系，协调好教学和科研的关系，将它们相对均衡地融入评价体系中，充分发挥评价体系对"三进"工作教师的激励作用。最后，我们还需要在推动"三进"工作教师核心要素的可持续性培养上发力。国家需要在规章、制度、法律法规等层面，加强对"三进"工作教师在师德素养、业务素养以及政治素养等层面的要求，设置明确的教师行为规范的红线和其他相关活动规定。这种国家层面所提出的立法规定以及对相关行为的监察、审核所形塑的外在约束力，是推动"三进"工作教师核心要素可持续性发展的根本保障。与此同时，成立一定的专项组定期或不定期地对"三进"工作教师开展相关督查、考核，从而全方位、全过程地对"三进"工作教师相关行为形成系统监督。

## 二 强化对教师的继续教育培训

"三进"工作教师"六要"核心素养培养的主渠道是继续教育培训。在各层面专门化培训基础上，各个学校也要积极发挥继续教育培训对"三进"工作教师核心素养提升的主渠道作用，核心是加强校本培训。校本培训是一种以学校为单位的面向教师的学习方式，是一种重要的培训形式，一直被评价为教师培育机制中的"最后一公里"。对"三进"工作教师开展校本培训，就需要在培训内容、培训方案、培训方式以及培训管理等方面作出规定。在培训内容上，要注重与新时代"三进"工作教师"六要"核心素养的有机融合，把握好关键内容。"政治要强"需要我们重点关注好习近平新时代中国特色社会主义思想培训内容的体系化，注重思政素质教育；"情怀要深"需要我们注重心理学、社会学等相关领域对思政课任课教师的情感联动作用；"思维要新"需要我们把握住新时代新媒体的特点，强化对新媒体的感知、新媒体技术融入教学等实操业务的培训；"视野要广"需要我们既立足当下、立足国内，也注重过去、注重未来、注重国际视野，加强对相关内容的培训；"自律要严""人格要正"等师德师风方面的培训，则要求对教学艺术、国家相关的规章制度、中华优秀传统文化等方面加强培训。只有在培训内容中充分融合"六要"，才能大力提升培训实效。在培训方案上，要重点强调培训的实际效果，做到目标明确、有的放矢。要分阶段、分群体制定不同的培训方案，有针对性地对"三进"工作教师开展相应的培训。对新入职的教师要多注重师德师风、情感认同、信仰信念教育，对于拥有丰富教学经验的资深教师要多注重具有创造性、开拓性方面的培训。在培训方式上，要从客观实际出发，丰富培训形式，推动课程观摩与专家讲座相融合、个体自修与全员培训相融合、实践调研与理论学习相融合。在培训管理上，要抓实主体责任，在学校党委的统一领导下，强化各个层级、各个部门对"三进"工作教师的管理职责。学校各级领导要主动参与到"三进"工作教师的培训中，要加强学校党委对于培训工作的全面领导，要在学校的重点管理工作中，将"三进"工作教师培训管理职责纳入其中，加强规划。总之，学校要提升继续教育培训在培训内容、培训方案、培训方式以及培训管理等各个方面的工作实效性，切实提高"三进"工作教师"六要"核心素养。

### 三　发挥教师自身的关键作用

外部保障要发挥作用，教师首先要有内在动力，"三进"工作教师自身的主观能动性才是关键。"三进"工作教师需要发挥自主性，在实践和学习过程中加强自身核心素养。习近平总书记曾指出："中国共产党人依靠学习走到今天，也必然要依靠学习走向未来。"[①] 在提升"六要"核心素养过程中，"三进"工作教师必须对学习有着高度的重视和热情，要积极主动地在生活中学习、在网络中学习，向身边人学习、向前人学习。在加强理论学习的同时，也不忘实践感知，学以增智、学以立信。在网络中学习，就要求任课教师紧跟时代步伐，在技术上学习如何操作，在实践上学习如何融入。新时代的青年一代，都出生于网络时代，任课教师要充分了解青年特点，融入新媒体，丰富授课方式方法、创新授课形式，用当代青年喜闻乐见的方式增强课堂凝聚力。向身边人学习，要求任课教师善于发现身边人的优点并乐于求教。"三进"工作教师不但要学习身边教师的优良的教学方式方法、学习他人的高尚的师风师德，以提升自身的修养和教学水平，也应该向身边的学生学习，发现学生身上的闪光点，融入学生，互通有无，充分了解当代青年思想、行为特点，了解青年思维方式。"三进"工作教师还应该积极地学习理论。理论是人们认识世界、把握世界的根本，科学的理论是坚定政治信仰的基础。"三进"工作教师必须将马克思主义的相关经典著作学懂弄通，要充分了解马克思主义的根本内涵，充分掌握马克思主义的真理性，树立正确的世界观、人生观、价值观。认识的最终目标是实践，我们不仅要在自我学习中去加强对"六要"核心素养的培养，同时也要将其融入实践中，在实践中去感知、去检验、去深化。深入实践是"三进"工作教师提升自我能力、强化深厚情怀的根本途径，在实践中教师不仅能设身处地地获得最真切的授课材料，提升教学和科研的真实性和说服

---

① 《习近平谈治国理政》，外文出版社，2014，第407页。

力，还能通过学校间甚至跨地域的实地调研，发现不同的教学方式、教学内容、教学理念的特点，取长补短，强化自己的业务能力。总的来说，只有实现理论和实践的融合统一，才能够切实促进"六要"核心素养的自我强化和提升。

# 第六章 习近平新时代中国特色社会主义思想"三进"工作的评价机制研究

"三进"工作质量评价，需要回答"是什么""为什么""怎么办"的问题。深刻把握这些问题，则需要明确"三进"工作质量评价的基本原则、主要内容和方式方法。

## 第一节 质量评价的基本原则

确立科学合理的质量评价原则，是进行"三进"工作质量评价的重要基础，也为"三进"工作指明了正确方向。要科学地评价"三进"工作质量必须遵循以下基本原则：坚持政治评价与业务评价相统一、坚持客观评价与主观评价相统一、坚持结果评价与过程评价相统一、坚持定性评价与定量评价相统一、坚持精准评价与模糊评价相统一。

### 一 坚持政治评价与业务评价相统一

"三进"工作质量评价首先要坚持政治评价。这里的政治评价主要是指评价"三进"工作质量必须坚持正确的政治方向，具体包括是否坚持、符合乃至巩固了中国共产党的领导地位，是否有利于坚持中国特色社会主义制度，是否有利于实现中华民族伟大复兴中国梦，等等。注重政治评价是"三进"工作质量评价的最根本原则，这是由"三进"工作的特殊性质和特殊地位所决定的。"三进"工作对经济工作和其他一切工作起引导、服务和保证作用，发挥着统一思想、凝聚力量的重大作用。政治方向坚持得如何，是否偏离，直接决定着"三进"工作质量的高低。2018 年 8 月 21 日，习近平总书记在全国宣传思想工作会议上旗帜鲜明地指出："中国特色社主义进入新时代，必须把统一思想、凝聚力量作为宣传思想工作的中心环节。"① 从国内情况看，经济社会的转轨转型带来了思想领域的多元、多变。尤其是受到西方多元思潮的影响，各种非马克思主义意识形态竞相登场，马克思主义在意识形态领域的指导地位受到严峻挑战。微博、微信公众号等新媒体对主流意识形态的影响和冲击越来越大。截至 2020 年 12 月，我国的网民规模达到 9.89 亿人，是全世界最大的网络群体。② 网上舆论斗争越来越激烈，网络阵地的治理任务繁重。从国际形势看，西方敌对势力仍然持续性地对我国实施西化策略、分化策略，致力于对意识形态虚化的宣扬。各种情况都表明，意识形态工作是一项极端重要的工作，"三进"工作质量评价必须首先将政治评价摆在首位，注重正确的政治导向，强化马克思主义的指导地位。

"三进"工作质量评价还要注重业务评价。注重业务评价，就是要看"三进"工作是否促进了经济的发展，是否有利于调动人们从事工作、生活、学习的积极性和主动性，是否带来了特定部分业务或业绩的提高等。注重业务评价，要根据"立德树人""培育时代新人"的根本要求来制定评价标准。"培养担当民族复兴大任的时代新人"③，进一步推进"三进"工作，提高"三进"工作质量，已成为新时代宣传思想战线面临的一项重大而紧迫的战略任务。要在教育的每一个过程中充分融入社会主义核心价值观，要在教育的每一个环节中贯穿理想信念教育，引导广大学生将社会主义核心价值观内化为自觉行动。"立德树人""培育时代新人"，还要求"三进"工作质量业务评价注重人的全面发展。要在德育的基础上，提升智、体、美、劳等各个方面的发展水平，促进德智体美劳的全面发展，在新时代努力培育德智体美劳全面发展的社会主义建设者和接班人。

开展"三进"工作质量评价，既要坚持政治评价，也要坚持业务评价，更为重要的是将二者有机结合起来。政治评价关乎"三进"工作的性质和方向，是工作质量评价的根本和关键，业务评价体现"三进"工作的内容

① 《习近平谈治国理政》第 3 卷，外文出版社，2020，第 311 页。
② 《CNNIC：2020 年中国网民规模为 9.89 亿 互联网普及率达 70.4%》，环球网，https://tech.huanqiu.com/article/41mUBXBDhoK，最后访问日期：2025 年 3 月 31 日。
③ 习近平：《高举中国特色社会主义伟大旗帜 为全面建设社会主义现代化国家而团结奋斗——在中国共产党第二十次全国代表大会上的报告》，人民出版社，2022，第 44 页。

和任务，是工作质量评价的前提和基础。离开政治评价，"三进"工作就可能迷失方向；离开业务评价，"三进"工作就会失去丰富内容和效果保障。当前实施"三进"工作质量评价，应以党和国家的重要文献为根本依据，保证政治评价与业务评价的有机统一。

## 二　坚持客观评价与主观评价相统一

"三进"工作质量评价要坚持客观评价原则。客观评价一般是指由相关的教育部门、研究机构、监督部门、专家学者等组成评价工作小组开展评价。客观评价基于客观事实、客观数据、客观材料等开展评价[①]，属于第三方评价，一般采取自上而下的形式，即由上级行政部门制定评价指标及评价标准。以学校为例，客观评价一般会提前通过文字形式告知相关学校做好相关准备。被评价学校一般将对本校开展的"三进"工作进行总结，对相关材料进行整理分析，进而形成完整的文字报告提交评价小组，并通过PPT等形式向评价小组进行相关工作汇报。评价小组通过实地考察、查看总结材料、听取汇报等方式，依照相关评价体系和标准形成评价报告。由于客观评价往往只能在某段时间内开展，往往只能了解某一时段被评价学校的实际情况，容易忽视对"三进"工作的具体过程和长远效果的评价。因此，在开展客观评价时，需要正确把握"三进"工作评价的客观性。

"三进"工作质量评价也应坚持主观评价原则。主观评价侧重基于主观要素、主观感受、主观认知等开展评价。[②] 以学校为例，一般的主观评价是由学校自己成立评价工作小组，根据文件和学校实际情况等制定评价细则，进而开展相关评价。这种方式能够很好地适应不同层次、不同类型院校的具体情况，制定灵活多样的标准与操作规程，也有助于发现"三进"工作中的真实问题和困难，以便为进一步增强"三进"工作质量评价实效性打下基础。但在主观评价中，评价者个体的主观判断不可避免的对评价的可信度造成影响，存在只看重行为而忽略知识理解和观念接受效果的倾向。我们应认识到"三进"工作的本质特点在于把接受的知识和思想观念外化

---

[①]　参见白显良、章瀚丹《推进思想政治教育质量评价改革需把握十对关系》，《思想理论教育》2021年第3期。

[②]　参见白显良、章瀚丹《推进思想政治教育质量评价改革需把握十对关系》，《思想理论教育》2021年第3期。

为行为，但是往往容易忽略这样的事实，即"三进"工作本身就包括人们的思想认识问题。一方面，知识、思想观念是习近平新时代中国特色社会主义思想的重要内容构成，是"三进"工作质量评价的题中应有之义；另一方面，知识与思想观念是行为外化的重要前提，只有在知识理解与观念接受的基础上，才能有效生成相应行为。因此，知识与思想观念应和行为一道纳入"三进"工作质量评价系统。总之，"三进"工作质量主观评价，一方面要遵循思想品德形成和发展规律，另一方面还要努力构建"三进"工作质量评价的科学体系。唯有如此，才能获得全面客观的评价数据，提升"三进"工作质量主观评价的效度。

"三进"工作质量评价，不仅应该坚持客观评价原则和主观评价原则，还应该坚持客观评价与主观评价的有机统一。任何评价都必然会有评价者主观因素的介入，都要基于一定的事实依据作出，在某种意义上必然会融入主观、客观两方面。① "三进"工作质量评价，要获得全面客观的评价数据，公正、准确地评价"三进"工作质量，必须充分实现评价主体与评价客体的互动，整合主观评价和客观评价，坚持客观评价与主观评价相统一的原则。

### 三 坚持结果评价与过程评价相统一

"三进"工作质量评价要坚持结果评价的原则。"三进"工作是以人为对象的教育活动，主要解决人的思想、观点、立场等问题。在这种意义上看，"三进"工作质量评价应坚持结果评价的原则。结果评价是指评价工作运用定性和定量的方法，采取问卷调查、结构访谈等形式，了解"三进"工作的开展情况、教育效果、受教育对象对教育目标的达成度等总体情况。对"三进"工作结果的评价，首先体现为对教育目标达成度的评价，具体包括受教育者的政治立场、政治方向以及以此为指导的实践活动。党的十九大报告指出："必须推进马克思主义中国化时代化大众化，建设具有强大凝聚力和引领力的社会主义意识形态，使全体人民在理想信念、价值理念、道德观念上紧紧团结在一起。要加强理论武装，推动新时代中国特色社会

---

① 参见白显良、章瀚丹《推进思想政治教育质量评价改革需把握十对关系》，《思想理论教育》2021 年第 3 期。

主义思想深入人心。"① 由此可知，"三进"工作结果评价最重要的时代内涵，就是能否用习近平新时代中国特色社会主义思想武装头脑，进而内化为行为自觉和思想自觉。

"三进"工作质量评价还应坚持过程评价。实践活动具有过程性，过程运行状况体现着"三进"工作质量的状况。通常而言，"三进"工作往往难以取得立竿见影的效果，而是在实施了一段时间后才能体现出来，所以日常信息的收集和积累、对"三进"工作过程的关注不可或缺。"三进"工作质量的过程评价，是指根据质量评价指标体系实施对队伍质量、工作对象接受情况、工作内容、教育方法、教育形式和手段等的评价。所谓的过程评价原则，是指借助长期的追踪、观察、反馈，及时了解掌握"三进"工作的发展变化过程及趋势，重点关注"三进"工作的动态变化及长远效果。

"三进"工作质量评价还应该坚持结果评价与过程评价相统一的原则。坚持结果评价和过程评价的统一，是推动全面客观评价"三进"工作质量的根本保证。"三进"工作结果评价侧重静态效果的评价，过程评价侧重动态变化和趋势，两者相辅相成，互为补充。过程评价更多关注具体过程和动态发展，或是从前后变化的对比视角进行评价，通过过程评价，有助于了解"三进"工作的发展变化历程和真实水平，实现自身的纵向比较。坚持过程评价，有助于多角度、全过程地评价"三进"工作的真实状况，鼓励开展创新性工作，把创新成果纳入评价指标体系，实事求是地反映"三进"工作的质量和水平。结果评价可以充分发挥其鲜明的价值导向性，引导"三进"工作适应人和社会的发展需要，确保教育活动高效有序地运行，保证"三进"工作的正确方向。"三进"工作质量评价坚持结果评价与过程评价相统一，有利于防止出现将结果评价与过程评价割裂开的倾向。很多时候，我们在对"三进"工作对象的接受情况进行评价和分析时，主要是基于教育对象的短期的或阶段性的表现来作出评判。事实上，这只是评判"三进"工作对象接受情况的一个方面，我们还需要对受教育者所受到的长远影响进行跟踪监测和评价，即把短期的即时效果和长远的关乎教育对象一生成长的影响两个方面结合起来考察。有学者也指出："从质量评价和教

---

① 习近平：《决胜全面建成小康社会 夺取新时代中国特色社会主义伟大胜利——在中国共产党第十九次全国代表大会上的报告》，人民出版社，2017，第41页。

学效果评价的差异性来看，由于教学质量的显现并不是教学状况的直接反映，也就是说教学质量的作用是一个长效的过程，而教学现状的评价较注重短期效应，有时候课堂教学短期效应较好，并不意味着教学质量很高。"①这表明，在考察和评价"三进"工作对象的接受状况时要关注和重视长期效果的评价，即关注"三进"工作在教育对象成长发展中所形成的影响和作用。

### 四　坚持定性评价与定量评价相统一

在"三进"工作质量评价中还应该坚持定性评价与定量评价相统一原则。在"三进"工作质量的评价过程中坚持定性评价与定量评价，必须充分认识到二者的科学内涵以及科学回答"为何要"和"如何坚持"定性评价与定量评价相统一的问题。

定性评价一般指用语言或文字对评价对象进行阐述分析。其目的在于描述、解释事物、事件、现象、人物并更好地理解所研究的问题②，把握事物质的规定性，形成对评价对象的完整看法。可见，定性评价是采取归纳和演绎、分析与综合、抽象与概括、经验判断与观察的方法，根据评价对象平时的表现、状态，直接对评价对象作出定性结论的价值判断。

定量评价一般指用数值形式以及数学、统计方法对评价对象进行阐述分析，以此解释事物间的关联性或因果关系。其目的是掌握事物在量上的规律性，简明客观地展现评价对象的量化特征。

"三进"工作是一项服从服务于特定经济社会发展特别是特定社会中占支配地位的阶层的社会实践活动。在当代中国，"三进"工作应该服从服务于党和国家、人民的需要，更好地为我国经济社会发展提供政治方向保证和价值导向。因而在这种意义上，"三进"工作质量评价应充分利用定性评价的方法。同时，"三进"工作作为一项社会实践活动，也有自己"量"的方面的特征，有着"量"的方面的规定性，有着一定的数量特征。这些"量"的特征规定着"三进"工作的基本状况和工作质量的高低。因此，

---

① 佘双好：《关于思想政治理论课教学质量评价问题的思考》，《学校党建与思想教育》2018年第13期。
② 张梦中、马克·霍：《定性研究方法总论》，《中国行政管理》2001年第11期。

"三进"工作质量评价也应该坚持定量评价。如果说定性评价侧重于从性质方面对评价对象进行综合分析与评判,揭示出评价对象的好坏,那么定量评价则侧重于把握事物"量"的规定性,用数字或数据来解释事物间的关联性或因果关系①,以客观简洁地揭示评价对象重要的可测特征,揭示出评价对象质量的高低。

马克思主义哲学原理告诉我们,任何事物都是"质"与"量"的统一体,既没有脱离事物"质"的单纯"量"的存在,也没有脱离事物"量"的单纯"质"的存在。因此,在"三进"工作质量评价过程中只有坚持"质"与"量"的统一,并根据具体情况选取适宜的评价方法,才能充分、客观地测评到"三进"工作的质量状况。同时,也要避免在处理两者之间关系时出现偏向。在进行评价时容易存在这样一种偏向,即过度强调定量评价,一味地追求数据的量化和客观标准化,盲目地迷信数据。这就决定了在"三进"工作质量评价中,应防止片面追求过度的定量评价。定性评价与定量评价各有侧重,缺一不可。

## 五　坚持精准评价与模糊评价相统一

"三进"工作质量评价坚持精准评价与模糊评价相统一,必须充分把握精准评价和模糊评价的所指。精准评价一般来说是对评价对象进行全面系统、科学严谨,并给出准确结果的评价,侧重评价的信度和效度,注重评价过程和结果的准确性、精确性。精准评价要"准确选取和界定指标体系中各个指标的内涵和外延,各项指标都要有明确具体且独特的含义,评价指标的内涵必须清晰,内容精练、意义清晰、绝不能含糊不清、模棱两可、模糊抽象;也不能出现人云亦云、见仁见智、漂浮游移的情况,更不能出现标准片面甚至错误的情况"②。与精准评价相比,模糊评价一般来说是对评价对象的基本状况、发展趋势乃至因果关系给出一个大体的、笼统的判断或预测,侧重评价的相对性和预测性。任何一项评价活动都不可能穷尽评价对象的所有方面,也不可能对评价对象的所有方面进行评价,更无法对评价结果进行毫厘不差的描述,这就决定了在评价活动中为了更好地反

---

① 张梦中、马克·霍:《定性研究方法总论》,《中国行政管理》2001年第11期。
② 李春华:《构建现代思想政治教育评价体系基本特征研究》,《中国高等教育》2012年第1期。

映评价对象，对评价对象的基本状况、发展趋势、因果关系乃至最终结果
进行描述，应采用模糊评价。

如果说精准评价侧重评价的客观性和精确性，那么模糊评价则体现评
价的主观性和相对性。精准评价是"三进"工作质量评价的本质要求。"三
进"工作质量评价坚持精准评价，要求在"三进"工作质量评价过程中精
准地确定评价的内容，制定客观有效的评价标准及指标体系，采用科学有
效的信息收集方式和手段，制定严格的质量评价程序，并对质量评价状况
作出具有信度和效度的描述。同时，与一般的实践活动相比，"三进"工作
实践活动是一项非常复杂的实践活动，关涉诸多影响因素。"三进"工作从
根本上说是做人的工作，而人这一主体的思想水平、政治觉悟、道德品质、
文化素养处于不断变化的过程之中。以上种种决定了"三进"工作质量评
价不能仅仅依靠精准评价，必须将模糊评价纳入评价体系。"三进"工作质
量评价坚持模糊评价，要求在评价中充分把握"三进"工作质量评价的复
杂性，科学预测"三进"工作对思想观念、政治观点和道德行为的影响，
对特定的"三进"工作质量状况作出总体把握和分析，并能相对区分和把
握不同情况下的"三进"工作质量状况。

"三进"工作质量评价应坚持精准评价与模糊评价的有机统一。精准评
价与模糊评价是紧密联系在一起的，精准评价是模糊评价的目的，模糊评
价要以精准评价为目标。模糊评价是精准评价基础上的模糊评价。"三进"
工作质量评价中的模糊评价并不是纯粹的，而是始终贯穿和体现着精准评
价的要求，是为了适应"三进"工作及其质量状况的复杂性，特别是青年
学生思想观念的复杂性，进而采用相对模糊的方式来衡量或预测"三进"
工作的质量状况。在运用模糊评价的过程中，是以精准地确定评价对象的
内容、标准和指标乃至使用科学严谨的评价程序为基础的，如果没有这些
评价活动的精确性，所产生的模糊评价的结果就会缺乏科学性。同时，精
准评价要想实现自身的精准性也应该在精准评价过程中使用模糊评价来深
入反映"三进"工作质量的状况，以更好地适应"三进"工作质量评价的
相对性、条件性，更好地适应"三进"工作质量评价的持续性和潜在性。

因此，在评价过程中应充分认识精准评价与模糊评价相统一的必要性，
并将精准评价与模糊评价融合贯穿于"三进"工作质量评价实践，以充分
反映、把握"三进"工作质量状况。"三进"工作质量评价涉及非常丰富的

内容，按照被评价内容的特征划分，既包括硬件内容又包括软件内容。对于比较确定和比较容易测量与评价的硬件内容，可以凭借科学方法和技术手段运用定量分析进行评价。对于软件内容，基于"三进"工作的特殊性，其工作效果主要体现为工作对象思想的变化以及由思想变化带来的外在行为的变化，其具有不好精确测量、不易量化的特点，难以进行精准评价，对此，模糊评价是相对科学的评价方法。因此，在新时代应进一步深刻把握精准评价与模糊评价的内涵与外延，推动二者在"三进"工作质量评价中的具体的有机融合。从一定程度来看，坚持精准评价与模糊评价相统一，体现了"三进"工作质量评价体系中评价内容的具体清晰与评价标准相对性的统一。

遵循科学的基本原则是推进"三进"工作质量评价的基础。总体而言，必须坚持政治评价与业务评价相统一、客观评价与主观评价相统一、结果评价与过程评价相统一、定性评价与定量评价相统一、精准评价与模糊评价相统一的原则。

## 第二节　质量评价的主要内容

新时代推进"三进"工作质量评价，还必须充分把握"三进"工作质量评价的主要内容。评价内容的确定在"三进"工作质量评价中具有关键性地位。"三进"工作质量评价包括哪些内容，是值得深入思考的问题。"三进"工作质量评价的内容并不能随意确定，既要遵循"三进"工作的普遍做法，也要遵循"三进"工作质量生成的规律，并在两者的统一中实现对"三进"工作质量评价内容的系统把握。只有明确了"三进"工作质量评价的主要内容，才能为深入开展质量评价提供参照。"三进"工作质量评价包括教育对象接受质量评价、过程质量评价、结果质量评价、教育队伍质量评价。

### 一　教育对象接受质量评价

"三进"工作教育对象接受质量的评价，在整个"三进"工作质量评价体系中处于核心的地位，教育对象接受质量是"三进"工作质量的直接体现。对教育对象的接受质量进行考察和评价本身就具有重要意义，既有助于对受教育者形成导向和约束作用，也有助于为教育工作者和相关部门提供教育反馈，以便及时调整教育策略。当我们着手对"三进"工作的教育对象进行评价的时候，主要是对教育对象的学习效果和接受程度进行评价。评价教育对象的接受质量可以从很多方面来进行，其重点是对教育对象的理论学习情况和平时的思想道德状况，以及运用马克思主义立场观点方法①分析和解决实际问题的能力等方面作出考察和评价。当前，立足于中国特色社会主义新时代，要不断探索新的评价理念和方式方法，以便更加全面和真实地反映教育对象的学习效果和接受程度。

教育对象接受质量评价，主要是指对教育对象的学习效果进行考察和评价。这里所说的学习效果也即教育效果，是指教育对象对相关知识和理论的理解和接受程度以及运用和实践表现。只有教育对象或受教育者真正领悟和掌握了相关知识和理论，并将其转化为自觉的行为，才能说"三进"工作是高质量的、有效果的。在理解这一含义时，需要明确以下几点。

第一，从认识论的角度看，当把"三进"工作质量评价和教育对象结合起来讨论时，其中心任务是对教育对象的学习效果和接受程度进行考察和评价。"三进"工作的教育对象是人，而对人的评价本身是可以从很多方面来进行的，但就"三进"工作质量评价而言，则主要是考察和评价教育对象在接受习近平新时代中国特色社会主义思想教育之后的学习收获和学习效果，换言之，即对教育对象在整个教学活动中的实际收获进行分析和评价。事实上，在"三进"工作推进过程中，从认识论的角度看，教育对象即受教育者，既是客体又是主体。因此，为了把握"三进"工作的质量状况，其中一个很重要的方面，就是分析和判断教育对象的接受和领会情况，即受教育者是否认清自己的状况，是否认识和领会了相关知识和理论以及各种社会规范。这主要侧重于考察教育对象对理论知识的系统学习情况（接受程度、理解程度、认同程度等），以及对习近平新时代中国特色社会主义思想内容的把握和理解情况。这是考察"三进"工作教育效果的最为基本的方面。

第二，从实践论的角度看，对教育对象接受质量的评价还包括考察教育对象是否具备了运用马克思主义立场、观点、方法去观察事物和解决问

① 参见习近平《在党史学习教育动员大会上的讲话》，人民出版社，2021，第3页。

题的能力。如前所述，从认识论角度看，对"三进"工作的教育对象接受质量的评价，主要是侧重于考察教育对象的理论学习情况；与此同时，从实践论角度看，对教育对象接受质量的评价，则侧重于考察受教育者的日常行为表现，即考察受教育者在接受习近平新时代中国特色社会主义思想的教育之后，是否把相关知识和理论运用于认识和分析日常生活和社会问题，并转化为自觉的行为和社会实践。① 这是评价教育对象接受质量的高一层次的标准。把这一标准纳入教育对象接受质量评价中，有利于防止出现只重视理论学习和背诵而忽视理论理解和运用的弊病。这表明"考查和考试主要是检查学生对马列主义基本原理的理解和运用这些原理分析问题的能力，而不是单纯检查学生的记忆力"②。因此，在考察受教育者的接受质量时，一个很重要的方面就是看他们是否在这一过程中达到了由被动到主动、由客体到主体的转化，换言之，就是要看教育对象的主动性和能动性是否被调动起来。这是衡量是否完成"三进"工作的过程、实现工作目标的重要指标和关键之处。

第三，在对教育对象的接受质量进行考察和评价时，要把对教育对象学习效果或学业成绩的考察与对其思想面貌和道德素质的考察区分开来。需要注意的是，教育对象的思想道德素质与其学业成绩不存在直接的对应关系，即分数高、学习成绩好并不意味着思想道德素质高，反之亦然。正如苏联教育家苏霍姆林斯基所指出的那样："把学科评分跟道德面貌等同起来，就是不假思索地追求表面上不错的指标——数字。我们认为，不可把一切都归结为一个简单的结论：分数好，孩子就好；分数'不合要求'，就等于学生'没有达到水平'。"③ 对教育对象接受质量的评价和考察，并不是为了对教育对象进行简单的排名或对受教育者作出等级（包括好坏和高低）划分，而是为了真实反映教育对象的认知和实践情况。因此，在对教育对象的接受质量进行评价和考察时，要摒弃单纯以学习成绩来衡量学生思想道德素质的做法，而是要根据不同的标准对学生的学习成绩和思想道德素

---

① 参见《把培育和弘扬社会主义核心价值观作为凝魂聚气强基固本的基础工程》，《人民日报》2014年2月26日。

② 张耀灿：《思想政治教育学科建设研究》，中国人民大学出版社，2017，第301页。

③ 〔苏〕苏霍姆林斯基：《给教师的建议》，周蕖、王义高等译，长江文艺出版社，2014，第159页。

质单独展开评价和分析。

第四，在对教育对象接受质量进行评价和考察时，要把短期效应和长远影响都纳入考察范围。很多时候，我们在对教育对象的接受质量进行评价和分析时，主要基于教育对象的短期的或阶段性的表现来作出评判。事实上，这只是评判教育对象接受质量的一个方面，我们还需要对受教育者所受到的长远影响进行跟踪监测和评价，即把短期的即时效果和长远的关乎教育对象一生成长的影响两个方面结合起来考察。正如习近平总书记在高校思想政治工作会议讲话中所明确强调的那样，思想政治理论课教学质量效果并不是即时效果，而是"为学生一生成长奠定科学的思想基础"①。还有学者指出："从质量评价和教学效果评价的差异性来看，由于教学质量的显现并不是教学状况的直接反映，也就是说教学质量的作用是一个长效的过程，而教学现状的评价较注重短期效应，有时候课堂教学短期效应较好，并不意味着教学质量很高。"② 这表明，在考察和评价教育对象的接受质量时要关注和重视长效评价，即关注习近平新时代中国特色社会主义思想在教育对象一生成长中所形成的影响或作用。

一般而言，那些适用于教育工作质量评价的一般方法（如考试）和理念也同样适用于"三进"工作的教育对象接受质量评价。在教育对象经过一定时段的学习或培训之后，有必要对其学习情况进行考察和检测，以便教育对象巩固这一阶段的学习，同时也为教育者下一阶段的教学安排提供参考依据。因此，考试或学习测验仍然是了解和掌握教育对象接受质量的一种有效方式。除此之外，"三进"工作质量评价不同于一般企业评价、行政评价、管理评价，而是一种学术评价和业务评价，因此"三进"工作质量评价应遵循思想政治理论教育的特殊性规律。正是基于评价中所掺杂的意识形态性等元素，更要重视与教育对象的日常交流和沟通，给予教育对象更多的人文关怀和心理疏导，同教育对象建立起亦师亦友的良好关系，以便在这种经常性的互动中全面掌握教育对象的接受质量状况。

---

① 《习近平谈治国理政》第 2 卷，外文出版社，2017，第 377 页。
② 佘双好：《关于思想政治理论课教学质量评价问题的思考》，《学校党建与思想教育》2018年第 13 期。

## 二　过程质量评价

"三进"工作质量评价，不仅要评价教育对象接受质量，还要基于动态的视角去检测工作过程的质量状况。整个过程运行状况会从根本上影响工作质量。"三进"工作质量只能通过过程来体现，过程运行状况决定着工作质量的状况。要想使工作保持高质量必须保证过程高质量运行，必须保证过程沿着正确的方向运行。从一定意义上看，工作过程的质量将在一定程度上影响和决定评价工作质量；过程质量应该是工作质量的核心构成。因此，"三进"工作质量评价应该把过程质量评价纳入其中。

"三进"工作过程是教育者和受教育者在教育引导学生"树立共产主义远大理想和中国特色社会主义共同理想"①的目标指导下，借助一定的方式和手段互动的过程，是教育者根据习近平新时代中国特色社会主义思想要求和受教育者思想品德形成发展规律，对受教育者施加有目的、有计划、有组织的教育影响，促使受教育者增强"四个意识"、坚定"四个自信"、做到"两个维护"，"厚植爱国主义情怀，把爱国情、强国志、报国行自觉融入坚持和发展中国特色社会主义事业、建设社会主义现代化强国、实现中华民族伟大复兴的奋斗之中"②。因此，必须重视工作过程的科学评价，这是我们把握过程质量内涵必须充分认识到的问题。

首先，过程质量评价必须坚持过程性、全面性、及时性。习近平总书记指出，"思想政治工作从根本上说是做人的工作，必须围绕学生、关照学生、服务学生，不断提高学生思想水平、政治觉悟、道德品质、文化素养，让学生成为德才兼备、全面发展的人才"③。所谓过程性是指对过程的关注，这里的"过程"是相对于结果性评价的"结果"而言的。它强调通过关注"三进"工作的目标内容方式方法的选择等达到提升教育效果的目的，实现从过程到结果的良性循环。因此，评价指标的科学合理性有待加强，评价体系有待完善。过程质量评价包括对教育对象队伍、管理者，以及各个具体要素的评价，制定科学的可操作的评价体系和具体指标，是一项富有挑

---

① 《习近平著作选读》第2卷，人民出版社，2023，第196页。
② 《习近平谈治国理政》第3卷，外文出版社，2020，第329页。
③ 《习近平著作选读》第1卷，人民出版社，2023，第540页。

战性的工作。

其次，过程质量的评价必须坚持发展性、创新性。过程质量评价指标制定可操作性和难度较大。"三进"工作质量评价是一个价值判断过程，必须依据一定的价值判断标准来进行，这个价值判断标准要借助一系列的指标呈现，因而实施质量评价是一个动态性、系统性工程。"三进"工作是一个不断发展和完善的过程，实施工作质量评价也是一个动态性、系统性工程。"三进"工作的目标面向未来，以发展为目的，然而其工作效果的呈现却通常具有一定的滞后性，是一个逐步显现和不断提高的过程，这就决定了科学评价过程质量的重要性，既应关注当下可见的实际工作和效果，又应坚持以动态的、发展的眼光关注"三进"工作的发展过程和长期效果。

最后，过程质量的评价必须使评价的内容更全面、目标更多元、结果更科学。"三进"工作必须紧扣"培养什么人、怎样培养人、为谁培养人"[1] 这一根本问题。过程性评价强调坚持以人为本的原则，重视连续性。"三进"工作中如果忽视个人需要的满足和个人的自我发展完善，就会使人失去自觉接受外在思想道德影响的内在动力，而且会使他们把学习习近平新时代中国特色社会主义思想视为一种外在于个人需要的、来自国家或社会的要求，从而导致受教育者疏远甚至反感。目前，还缺乏科学的常态化评价指标体系和评价技术，过程质量评价体系尚需要进一步科学化、精细化，使内容更全面、目标更多元、结果更科学。同时，过程评价涉及的教育因素较多，一般需要采集的数据量较大，过程比较烦琐，需要耗费大量时间。因此，过程评价要始终坚持把人作为教育的主体和根本，通过建立健全涵括思想水平、政治觉悟、道德品质、文化素养等评价指标的全方位体系，在确保社会主义办学方向的基础上，倡导和秉承以人为本、立德树人的教育理念，为培养担当民族复兴大任的时代新人奠定坚实思想政治基础。[2]

实施"三进"工作质量评价也是一个系统性工程，对过程质量的评价必须坚持辩证唯物主义全面的、联系的和发展的观点，有计划地评价教育过程质量情况，及时采取措施，以保证"三进"工作过程符合规律的发展，

---

① 《习近平谈治国理政》第 3 卷，外文出版社，2020，第 328 页。
② 参见《习近平在看望参加政协会议的医药卫生界教育界委员时强调 把保障人民健康放在优先发展的战略位置 着力构建优质均衡的基本公共教育服务体系 汪洋参加看望和讨论》，《人民日报》2021 年 3 月 7 日。

为"三进"工作质量提升提供重要保障。

### 三　结果质量评价

推进"三进"工作质量评价，在把握教育对象接受质量、教育过程运行质量基础上，还应该从整体上关注"三进"工作的结果，对"三进"工作的结果进行质量评价。这里所说的结果是"三进"工作的最终结果，其既不同于教育队伍质量、教育对象接受质量，也不同于教育过程质量、领导管理质量。"三进"工作的最终结果虽与教育队伍质量、教育对象接受质量、教育过程质量、领导管理质量等密切相关，但也具有一定的相对独立性。"三进"工作的结果对于"三进"工作来说具有根本性的意义，"三进"工作就是通过调动各方面的力量和因素，致力于实现"三进"的最终目标。因此，推进"三进"工作质量评价，必须把"三进"工作结果质量评价放到重中之重的位置。

"三进"工作结果质量评价说到底，就是检验受教育者学习习近平新时代中国特色社会主义思想的能力，就是检验"三进"工作是否具有凝聚人心、统一意志的能力，能否在各种社会思潮中具有引导民心和影响社会舆论走向的能力。因而在这种意义上，"三进"工作结果质量评价，就是评价新时代学校思想政治教育能否保证将习近平新时代中国特色社会主义思想在纷繁复杂的各种社会思潮中，转化成青年学生的指导思想。"三进"工作结果质量评价最为根本的时代内涵，就是要看"三进"工作是否以习近平新时代中国特色社会主义思想去武装头脑、推动工作、指导实践，是否将习近平新时代中国特色社会主义思想转化成青年学生的思想自觉和行动自觉。党的十九大报告指出："必须推进马克思主义中国化时代化大众化，建设具有强大凝聚力和引领力的社会主义意识形态，使全体人民在理想信念、价值理念、道德观念上紧紧团结在一起。要加强理论武装，推动新时代中国特色社会主义思想深入人心。"[①] 这揭示了"三进"工作结果质量评价的本质规定、基本内容和核心要义。因此，"三进"工作结果质量评价在一定程度上就是能否推动习近平新时代中国特色社会主义思想深入人心，能否

---

① 习近平：《决胜全面建成小康社会 夺取新时代中国特色社会主义伟大胜利——在中国共产党第十九次全国代表大会上的报告》，人民出版社，2017，第41页。

使青年学生在理想信念、价值理念、道德观念上紧紧团结在一起。

首先，"三进"工作结果质量评价要重点监测是否实现了以马克思主义指导思想为根本，以理想信念教育为核心，以社会主义核心价值体系和社会主义核心价值观为引领，以教育对象全面发展为旨归；是否形成全员全过程全方位育人格局，切实提高教育亲和力和针对性；是否着力培养德智体美劳全面发展的社会主义建设者和接班人①，着力培养担当民族复兴大任的时代新人，不断开创"三进"工作的新局面，形成系统完善的学校"三进"工作供给体系。结果质量评价本质上是评价"三进"工作为党和国家事业发展及人民发展需要提供服务的状况或水平。因此，科学的教育目标定位、内容选择、方法路径等，都是"三进"工作目标得以最终实现的核心内容，没有这些核心内容，就无法开展"三进"工作，更无法满足党和国家事业及人民发展需要。

其次，"三进"工作结果质量评价要重点监测是否把握住社会主义方向，坚持以马克思主义为指导思想；是否坚持办好思想政治理论课，发挥好课程育人功能，加强学校各类阵地建设管理，加强队伍建设；是否强化问题导向，弘扬改革创新精神，做到工作因事而化、因时而进、因势而新，在补足工作短板上取得实质性进展；各级党委是否负起把关定向、统筹指导、建强班子的责任，把"三进"工作纳入党建工作和意识形态工作责任制，确保各领域成为坚持党的领导的坚强阵地；组织、宣传、教育等部门是否各尽其责，形成齐抓共管的工作格局；各级党委是否履行好管党治党、创新体制机制、改进工作方式等职责，把党建和思想政治教育工作优势转化为"三进"工作的优势。

最后，"三进"工作结果质量评价要重点检测是否实现了为改革开放、社会主义现代化建设服务，是否实现了为巩固和发展中国特色社会主义制度服务，是否实现了为中国共产党治国理政服务，是否实现了为人民服务。在庆祝改革开放 40 周年之际，习近平总书记前往国家博物馆参观"伟大的变革——庆祝改革开放 40 周年大型展览"时发表重要讲话强调："教育引导广大干部群众更加深刻地认识到中国共产党、中国人民和中国特色社会

---

① 参见《习近平在清华大学考察时强调 坚持中国特色世界一流大学建设目标方向 为服务国家富强民族复兴人民幸福贡献力量》，《人民日报》2021 年 4 月 20 日。

主义的伟大力量，更加深刻地认识到我们党的理论是正确的、党中央确定的改革开放路线方针是正确的、改革开放的一系列战略部署是正确的，更加深刻地认识到改革开放和社会主义现代化建设的光明前景，统一思想、凝聚共识、鼓舞斗志、团结奋斗，坚定跟党走中国特色社会主义道路、改革开放道路的信心和决心。"① "三进"工作结果质量评价不仅是"三进"工作质量评价的集中体现，还是进一步开展"三进"工作的必然要求。"三进"工作最终结果体现了"三进"工作的社会本质，体现了"三进"工作的目的，体现了"三进"工作从根本意义上为谁服务以及这种服务的状况。

"三进"工作既不同于经济工作，也不同于行政管理，它是在党的领导下按照国家和社会的要求，通过发挥习近平新时代中国特色社会主义思想对民众思想和行为的影响，凝聚起人们坚持党的领导、坚持社会主义制度、坚持中国特色社会主义的坚定信念。因此，这决定了"三进"工作结果质量评价最为主要和关键的，是习近平新时代中国特色社会主义思想话语的引导力，即巩固马克思主义的指导地位、巩固全国人民万众一心团结奋斗的思想基础，实现习近平新时代中国特色社会主义思想对广大人民群众，尤其是学生的思想观念、政治观点、价值取向的指导和引领。

## 四　教育队伍质量评价

要推进"三进"工作质量评价，对其教育队伍质量进行评价是现实的需要。教育队伍质量的高低，直接决定着能否完成"三进"工作任务以及能否有效实现"三进"工作的目标。2018 年 1 月 20 日，中共中央、国务院印发《关于全面深化新时代教师队伍建设改革的意见》指出，坚持兴国必先强师，把全面加强教师队伍建设作为一项重大政治任务和根本性民生工程切实抓紧抓好。2018 年 9 月 10 日，习近平总书记在全国教育大会上指出，"坚持把教师队伍建设作为基础工作"②。"三进"工作的教育队伍是教师队伍中的一支特殊力量，为了更好地满足学校和学生日益增长的对美好

---

① 《习近平在参观"伟大的变革——庆祝改革开放 40 周年大型展览"时强调 统一思想凝聚共识鼓舞斗志团结奋斗 坚定全国各族人民跟党走中国特色社会主义道路改革开放道路的信心和决心》，《人民日报》2018 年 11 月 14 日。

② 《习近平在全国教育大会上强调 坚持中国特色社会主义教育发展道路 培养德智体美劳全面发展的社会主义建设者和接班人》，《人民日报》2018 年 9 月 11 日。

教育生活的需求，为了更好地培养担当民族复兴大任的时代新人，教育队伍建设的重心应转向关注教师队伍的内涵式发展，即提升教育队伍质量，科学公正的教育队伍质量评价自然是教育队伍质量提升的重要途径。

"三进"工作的教育队伍，是指由从事"三进"工作的人员构成的有组织地承担共同职责的集体。教育队伍主体，一般包括学校党政干部和共青团干部、任课教师、辅导员、班主任及心理咨询教师等。这支教育队伍不仅承担着传播思想、传播真理的历史使命，还肩负着塑造灵魂、塑造新人的时代重任。这支教育队伍的整体水平与素质，就是教育队伍质量的体现与反映，主要包括政治理论素养和政策水平、工作能力和工作技能、育人理念和敬业精神等要素，直接关系到"三进"工作的成效和人才培养的质量。开展教育队伍质量评价，加强教育队伍政治认同、情感认同、价值认同的评价[1]，建立一支"政治强、业务精、纪律严、作风正"的教育队伍，是当前增强"三进"工作实效的重要举措。

将教育队伍的政治认同纳入教育队伍质量评价体系。民心是最大的政治，认同是最强的力量。人民群众对于中国特色社会主义强大和稳定的认同，是中国共产党和国家继往开来的力量之源，有利于构筑中国精神、中国价值、中国力量。对政治的认同需要传播与引导，从事"三进"工作的教育工作者就是"传道者"，"传道者自己首先要明道、信道。高校教师要坚持教育者先受教育，努力成为先进思想文化的传播者、党执政的坚定支持者"[2]，努力成为学生健康成长的指导者和引路者，要自觉承担起这一神圣使命。这就要求"三进"工作教育工作者有着高度的政治认同，坚决拥护中国特色社会主义和党的领导。同时，要勇于正视我国发展中存在的一些不可回避的问题，如发展不平衡、生态环境恶化、收入差距、民生短板等，又如西方政治价值观、意识形态、政治制度和观念的传播，在一定程度上造成马克思主义失语、失声、失踪，冲击着社会主义主流意识形态。教育工作者对待这些问题的态度和方式，直接影响着学生对党和政府的认知和评价，决定着学生是否能够成为社会主义的合格建设者和可靠接班人。

---

[1] 参见《习近平在中央政协工作会议暨庆祝中国人民政治协商会议成立70周年大会上发表重要讲话强调 提高政治协商民主监督参政议政水平更好凝聚共识 把人民政协制度坚持好把人民政协事业发展好》，《人民日报》2019年9月21日。

[2] 《习近平谈治国理政》第2卷，外文出版社，2017，第379页。

因此，教育队伍的政治认同应该成为教育队伍质量评价的基本要素。

将教育队伍的情感认同纳入教育队伍质量评价体系。要用情感的教育去感染学生，用理性的教育去说服学生。这就要求教育队伍不仅要有基本的政治认同，坚持正确的政治方向，还要根据学生全面发展的需求，加大情感投入，从心里真正认可这份工作的责任与使命，从内心感到光荣和自信，使工作更接地气、更聚人气、弘扬正气。"三进"工作的教育队伍质量评价要加强对教育工作者情感认同的评价，一方面，可以考察教育队伍的履行职责情况；另一方面，可以根据反馈有目的地对部分教育工作者进行教育引导，促进其思想转变，增强其对工作的情感认同。

将教育队伍的价值认同纳入教育队伍质量评价体系。价值认同是指人们对于基本价值的倾向性共识和认可，价值认同是所有认同的基础所在，是认同的核心和灵魂。社会主义核心价值观是我们社会主义国家的价值理念和价值追求，广大教育工作者要成为社会主义核心价值观的模范践行者、积极传播者和坚定信仰者，要教育引导学生正确认识时代责任和历史使命，用中国梦激扬青春梦，激励学生自觉把个人的理想追求融入国家发展、民族复兴事业中。这就要求教育队伍不仅要有基本的政治认同、饱满的情感认同，还要具有坚定的价值认同。价值认同既是政治认同的有效提升，也是情感认同的理性表达，全面推进和整体提升"三进"工作实效，就要倡导教育队伍对工作的自发认可、自觉提升、自愿坚守。因此，只有将教育队伍价值认同纳入"三进"工作的教育队伍质量评价体系，才能保证"三进"工作过程中思想引领的正确性，为学生引领正确航向。

所谓"三进"工作的教育队伍质量评价，就是根据一定的评价标准和考核原则，采用一定的方法和手段，评价教育工作者在开展"三进"工作中的能力、业绩与作用。教育队伍是"三进"工作的组织者和引导者，教育队伍主体涉及多个工作岗位。比如，学校党委、基层党组织、学生工作部、团委、工会、思想政治理论课教学部门、心理咨询中心等，各部门工作职责也不尽相同。再如，对教育队伍进行评价要检测广大教师是否以德立身、以德立学、以德施教①，是否坚持教书和育人相统一、言传和身教相

---

① 参见《习近平：抓住培养社会主义建设者和接班人根本任务 努力建设中国特色世界一流大学》，《人民日报》2018年5月3日。

统一、潜心问道和关注社会相统一、学术自由和学术规范相统一①，是否自觉成为有理想信念、有道德情操、有扎实学识、有仁爱之心的"四有好教师"②。因此，对教育队伍质量进行评价，应该建立起符合其工作特点的考核体系，定量与定性评价相结合，逐步提高教育队伍质量评价的科学性，进行科学公正的评价，这对于充分调动教育工作者的积极性创造性，推进各部门合力育人，有效实现"三进"工作目标具有极其重要的促进作用。

## 第三节　质量评价的方法

关于如何推进习近平新时代中国特色社会主义思想入脑入心，从学生对课程内容的评价以及学习效果反馈两个角度出发，构建思想政治教育中"三进"工作的"双轨"评价体系，具有重要时代意义和科学价值。评价"三进"工作是思想政治教育系统的组成部分，受到系统内外诸多要素的制约和影响。与时俱进、全面系统地把握"三进"工作的质量评价方法，了解评价工作具有艰巨性，评价的结果与评价者和受评者的思想和心理状态密切相关，评价的主观性难以避免。因此，在评价中，要防止和克服结论的偏差和失真，就得运用各种方法进行调节，使评价者和受评者相互关系协调，对指标体系形成统一认识，双向互动地开展评价，以便得到客观评价结论。

### 一　质量评价的两种方法取向

推进"三进"工作质量评价工作，涉及学生主体思想、观点和思想道德品质等诸多方面的要素，其质量构成及呈现较为复杂和内隐，尤其是面对信息化及大数据应用范围扩大的趋势，不能仅仅局限于质性评价和"价值判断"，否则在评价过程中容易出现主观性因素过强、依赖主观经验倾向。同时也不能完全依靠定量评价，因为这样也会造成评价的失真或失效。

---

① 参见《习近平在全国高校思想政治工作会议上强调 把思想政治工作贯穿教育教学全过程开创我国高等教育事业发展新局面》，《人民日报》2016年12月9日。
② 参见《习近平在看望参加政协会议的医药卫生界教育界委员时强调 把保障人民健康放在优先发展的战略位置 着力构建优质均衡的基本公共教育服务体系 汪洋参加看望和讨论》，《人民日报》2021年3月7日。

评价本身就是一种定性与定量的结合，对教育过程、教育结果进行数量化描述的同时需要进行价值判定。评价方法上更多体现在质性和量化的融合。具体来说，就是通过科学精准的测算、先进的统计分析技术、合理的评价方法等对实践活动作出全面、准确的判断来推进"三进"工作质量评价。评价结果是否具有科学性，往往依赖评价的方式方法是否具有科学性。这就要求充分地融合社会科学和自然科学的最新研究成果，既有定性规定又有定量表述，然后根据统计分析的手段对测量的信息数据进行科学处理，以揭示"三进"工作的内在规律性、必然性。最后，运用科学的评价方法，在对"三进"工作进行定性与定量相结合、全面分析的基础上，对该工作实现价值与否及实现程度作出正确的价值判断。

### （一）质性评价取向

质性评价方法强调对质的把握，是动态的、多元的和情境化的。德与人的观念、意识、判断、情感、能力等紧密相连，但同时具有内隐性和潜在性，这就要求我们对德进行评价时需要完整地展现出它本身的发展水平和真实情况。[①]"三进"工作是与人的观念、意识、判断、情感、能力等紧密相连的，但同时又具有内隐性和潜在性，这就要求我们在对"三进"工作进行质量评价时，要完整地展现出其本身的发展水平和真实情况。质性评价方法的核心特点是注重对事物进行定性的描述，强调透过教育现象看到教育本质，"三进"工作是以培养担当民族复兴大任时代新人为目标，引导学生对中国特色社会主义历史进程和历史规律的深刻认识，从而使其坚定走中国特色社会主义发展道路的。"三进"工作具有复杂性、人文性和多变性，单用"客观数据"无法展现教育质量这一综合结果，因而质性评价对于教育质量评价是非常必要的方法取向。

### （二）量化评价取向

量化评价方法强调用量表分析法对学生德育水平进行评价，以便作出正确、高效的解释和评价。评价方式主要有量表测验法、层次分析法、问卷调查法等。运用量化的方法，能够通过有效数据呈现出"三进"工作的

---

① 参见冯刚等《高校思想政治教育工作质量评价研究》，人民出版社，2020，第108页。

成效，追踪学生成长，做到可测量、可观察、可交互分析。而且运用计算机等现代化工具来处理相关信息，极大地节省了数据统计的时间，提高了信息处理的准确性，并能长期保存，使评价工作的质量和效率得到极大的提高，尽可能减少主观随意性，提高质量评价工作的科学性。

## 二　质量评价的四种模式

"三进"工作内涵丰富，涵盖人才培养的方方面面，"三进"工作质量评价是一个多元综合的命题，其中评价对象众多、评价主体多元。从根本上说，"三进"工作质量评价属于教育评价的范畴。"作为一种管理活动，必须有一整套科学合理的评价体系，整套规范、稳定、配套的制度体系，以及推动制度正常运行的组织甚至是法律"[1]，而一整套的科学合理的评价体系往往表现为模式，是既有理论性又具有可操作性的行为范式。[2] 以教育评价为基础，"三进"工作质量评价模式主要有以下几种。

### （一）过程模式

过程模式最为典型的即为 CIPP 模式，是美国学者斯塔夫比姆在 1967 年提出的一种评价模式。该模式最基本的观点就是评价最重要的目的不在证明，而是改进。这一模式主要有四个步骤：背景评价、输入评价、过程评价、结果评价。背景评价强调根据社会发展的需要和评价对象的需要，对教育目标本身作出价值判断，明确两者是否一致；输入评价主要是为了帮助决策者选择实现目标的最佳手段，而对各种可选择的条件进行评价；过程评价主要是通过描述实际过程来确定或预测问题，从而制定有效策略；结果评价要收集和结果有关的各种描述与判断，把它们与目标以及背景、输入和过程方面的信息联系起来，并对它们的价值和优点作出解释。该模式着重于过程评价，将信息的输入和处理作为主要手段，被广泛应用在教育的全过程评价中，通过整合诊断性评价、形成性评价、终结性评价，可以塑造全方位全过程的评价体系，充分发挥质量评价的功能。基于 CIPP 模式的"习近平新时代中国特色社会主义思想概论"课程评价模式构建如表

---

① 林斯坦：《教育评价机制论》，《教育评论》1997 年第 6 期。
② 蔡晓良、庄穆：《国外教育评价模式演进及启示》，《高校发展与评估》2013 年第 2 期。

6-1 所示。

**表 6-1 基于 CIPP 模式的"习近平新时代中国特色社会主义思想概论"课程评价模式构建**

| 阶段 | 目标 | 内容 | 评价要点 | 评价方法 |
|------|------|------|---------|---------|
| 背景评价 | 对课程目标进行诊断性评价 | 课程目标以习近平新时代中国特色社会主义思想"进头脑"为主线,通过多种教育方式,有针对性地进行讲授,使习近平新时代中国特色社会主义思想能够更好地在学校落地生根 | 课程总目标和具体目标是否符合本校实际;课程计划是否符合实际等 | 文献研究法访谈法问卷调查法专家咨询法 |
| 输入评价 | 对课程方案实施的可能性进行评价 | 基于背景评价,对课程目标所需要的设施条件、人员配备、组织机构、规章制度等进行评价 | 回答保障条件是否能够满足需要 | 观察法文献研究法问卷调查法专家咨询法 |
| 过程评价 | 对教学过程进行不间断地监督、检查和反馈 | 将课程实施过程中的信息进行详细记录并进行及时反馈,以便对课程方案进行调整 | 关注课程实施,对教师在教学方法、教学内容和态度方面是否体现出课程特色进行评价 | 跟踪听课现场观摩问卷调查法访谈法 |
| 结果评价 | 对课程所实现的目标和非预期效果进行评价 | 总结课程信息,为新的课程教学方案的设计提供决策依据 | 教学组织效果实现程度;资源利用程度;学生学习收获;课程目标达成 | 问卷调查法测评 |

## （二）绩效模式

这一模式突出构建理想化目标,以绩效评价为主要方式。绩效模式导向性强,重视效率,关注结果。深入推进三全育人工作,大力加强"三进"工作的宣传教育。在教育教学过程中,健全教师教育教学考评工作评价机制,将推进"三进"工作作为教师绩效考核的重要内容。一方面,从认知目标、情感目标及实践目标等多个维度进行课程目标、课程体系、课程内容的规划及绩效评价,实现习近平新时代中国特色社会主义思想在学生知识体系及价值体系中的升华,使学生能够系统地掌握有关理论知识,并将马克思主义中国化最新成果、中国特色社会主义的最新经验运用于社会实践,最终增强价值认同。另一方面,从学生对习近平新时代中国特色社会主义思想的接受度及满意度上进行绩效评价，增强课程实效，以能够满足学生需求为第一要素，考虑不同类型学校及不同学生的特点，根据学生思想实际及认知接受规律，适应不同阶段学生的情感需要及发展需要，实现习近平新时代中国特色社会主义思想真正入脑入心。

## （三）项目模式

这一模式基于计划行为理论，充分融合了绩效模式和过程模式的优点，标准全面，能够较为全面的反映"三进"工作的质量。但是需要注意的是，这一模式对"三进"工作质量的整体性把握不够，对要素标准的制定依赖性强，制定标准一旦出现纰漏，则难以保证评价模式的有效性。"三进"工作质量指标示例如表 6-2 所示。

**表 6-2　"三进"工作质量指标示例**

| 具体内容 | 对应指标 |
| --- | --- |
| 引导学生深入学习习近平新时代中国特色社会主义思想以及习近平总书记系列重要讲话精神，深入开展社会主义核心价值观教育，帮助学生不断增强"四个意识"、坚定"四个自信"、做到"两个维护" | 1. 开展学习习近平新时代中国特色社会主义思想宣传教育<br>2. 加强社会责任意识教育，加强民族团结、国家安全、科学精神教育，并纳入日常课程体系，利用重要节庆日等开展爱国主义教育<br>3. 开展社会主义核心价值观教育<br>4. 制定和实施体育、美育和劳动育人常态工作方案 |

## （四）诊断评价模式

这一模式以问题为导向，重在设定标准，以便及时发现问题，主要应用于课程方案的评价之中。随着评价技术和理念的发展，其应用范围也越加扩大，旨在为课程方案的改进提供认识和理解依据，并明确课程方案与变化着的条件之间的关系，使评价研究结果适用于不同的情境和问题域。该模式的主要特点为采用系统分析方法研究所有可能影响教育效果的因素（心理、社会、环境）及其内在关系，以及教育方面的种种变量，以便根据条件的变化及时变更课程方案。"三进"工作质量的评价过程也是对活动效果进行分析的过程，具有对存在问题作出诊断的作用，"三进"工作推进是否达到目的，哪些方面值得学习，哪些方面存在不足，在工作过程中发现了哪些问题、有哪些解决办法，通过评价就能发现问题的重点所在，并及时地予以纠正和改进，进而提高"三进"工作的针对性、有效性。

## 三　质量评价的操作方法

"三进"工作范畴广泛，评价要素复杂，评价主体多元，在实际质量评价工作中，其模式的选择呈现出综合性、复杂性的特征，依据评价主体和评价目标的不同，评价模式选择也不尽相同。虽然任何评价工作，其原理、目标、模式都存在区别，但在具体实践活动中我们发现，最基本的方法选择其实具有共通性，是根据评价的活动、评价的目的、评价性质灵活组成的。方法是多种多样的，既有收集资料的方法，也有定量与定性的方法、分析与综合的方法，还有哲学思辨方法，这些方法经过优化组合，就能发挥评价的整合优势，使得评价工作达到最佳状态，求得最佳的评价结果。

### （一）访谈法

访谈就是研究性交谈，是以口头形式，根据被询问者的回答收集客观的、不带偏见的事实材料，以准确地说明样本所要代表的总体的一种方式。[①] 访谈法在"三进"工作质量评价中得到了较多的运用。访谈法方便可行，不需要借助过多的外部辅助设备，通过引导、深入交谈，便可获得较有效的一线资料。其形式主要体现为深度访谈和座谈会相结合，对于探究行为背后的主体感受及成因，了解习近平新时代中国特色社会主义思想是否准确作用于学生，能够被学生所接受成为内在自我价值观的一部分有重要的评价价值。可以结合访谈法获得尽可能多的相关信息，如通过对学生精神状态、身体姿势、衣着和神态方面的观察，从与学生的访谈氛围、对象情绪表现及心理变化等方面获得广泛、深层、丰富的评价信息，了解学生对习近平新时代中国特色社会主义思想的接受程度。

### （二）观察法

观察法是指研究者根据一定的研究目的、研究提纲或观察表，用自己

---

① 参见〔美〕赫伯特·J. 鲁宾、艾琳·S. 鲁宾《质性访谈方法：聆听与提问的艺术》，卢晖临、连佳佳、李丁译，卢晖临校，重庆大学出版社，2010，第 10 页。

的感官和辅助工具去直接观察被研究对象，从而获得资料的一种方法。[1] 观察法作为应用范围较广的质量评价方法，具有突出优势。首先，观察法在收集非语言行为资料方面明显优于其他的方法。其次，观察法发生的条件限制并不严格，伸缩性较大，能够有充裕的机会与被观察对象接触。评价开始的时候就是观察开始的时候，利用评价者本身就可以完成观察与评价。再次，非控制条件下的观察，能够保证被观察者不易出现行为上的失常，事件发生的情境就较为自然真实。最后，观察法在大量观察资料和观察实践的基础上，可总结规律，进而发现事物发展趋向。例如，对习近平新时代中国特色社会主义思想"进课堂"的效果评价，可首先围绕学生学习过程与方法、学习能力、学习态度与情感等方面设计评价量表，在课堂中实施有计划的观察，规避无效信息。其次，可借用录像设备对一段时间内的课堂进行观察，确保观察时长，以使信息更加准确、真实。再次，可针对典型的个案进行研究。在评价的观察的过程中发现个案，应对此进行持续深入的观察，了解被观察者的信息，追踪行为背后的原因。最后，评价中需要重视教师和学生主体的观察，二者作为教育活动的直接参与者，注重发动教师和学生进行观察，并保留观察资料以更全面反映习近平新时代中国特色社会主义思想"进课堂"的工作质量全貌。

### （三）问卷调查法

问卷调查是指通过前期制定与研究目标一致的问卷，邀请调查对象进行填答从而收集所需资料的方法，具有诸多鲜明的特点和其他方法不能替代的作用。问卷调查法作为应用广泛的质量评价方法，其优点主要有以下几个方面。首先，问卷调查法节省时间、经费和人力。尤其是在网络调查问卷兴起后，通过网络链接推送，挂网调查的方式极大节省了问卷调查的整体时间和人力、经费的投入，也方便了被调查者能够利用碎片化的时间完成调查，从一定程度上提高了问卷的回收率。其次，收集的结果容易开展量化分析。问卷调查的实质是一种结构化的调查，问卷的内容、提问方式、回答方式等，均有较为固定的模式，不易受到调查对象的主观影响，

---

[1] 参见〔美〕丹尼·L. 乔金森《参与观察法》，龙筱红、张小山译，重庆大学出版社，2009，第4页。

因而便于量化处理，形成数据举证报告。再次，问卷调查法可以进行大规模的调查，并且可以长时间追踪调查。研究人员无论是否参与调查，都可以从问卷结果中了解被访人的基本信息和相关问答，并且可用作长时间的追踪调查。最后，由于问卷调查应用范围较广，容易形成数据库，并且能够有常模参照，这样有利于学校对某些问题进行全国甚至是更大范围的比较。

## 四　推进质量评价的实施路径

推进"三进"工作质量评价工作方法整合，是指选择两种具有内在联系的方法予以有机组合，并以其中一种方法为主，进行考评。这种组合方法的考评比单一方法考评有效，两种方法优势互补，取得整合效应，以保证评价结论的真实性。具体的整合方法主要有：坚持以动态评价为主，使动态评价与静态评价相结合；坚持以定性评价为主，使定性评价与定量评价相结合；坚持以形成性评价为主，使形成性评价与终结性评价相结合；坚持以客观评价为主，使客观评价与主观评价相结合。这些组合手段能够协调评价者和受评者之间的关系，能够促进评价工作的良性发展，这些调节机制的多种表现形式是密切关联的，彼此相互作用、相互渗透，但是在运用时又有区别，我们可以根据目标和指标的评价要求与受评对象的实际表现，有目的地选择相应的调节机制。

### （一）坚持以动态评价为主，使动态评价与静态评价相结合

评价对象本身就处在一个不断变化、不断发展的过程中，这是人的主观能动性对周围环境诸变动因素的作用反映。因此，在对"三进"工作评价过程中，不能仅仅凭借当下的考评而对整个工作开展情况下定论，而应结合时间和空间做系统的了解，了解其变化状态，只有以动态评价为主，才能推动"三进"工作循序渐进地向前发展。但也不能忽视静态评价。任何事物的稳定都是相对的，而变化是绝对的，在对"三进"工作质量进行评价的过程中，既要在横向维度上将评价对象置于某一特定时空下，用客观的数据、定性的文字等对其进行相对评价；同时也要在纵向维度上，结合历史发展，动态把握工作成效，静态与动态相结合才是全面的评价机制。

### （二）坚持以定性评价为主，使定性评价与定量评价相结合

定性评价与定量评价相结合，以定性评价为主的调节手段是"三进"工作质量评价有效性的保证，也符合评价者和受评者的思想认识过程。人们的认识一般要经过综合—分析—综合的形成发展阶段，在评价实践中也是如此。在初评时，评价者听介绍、看材料和观察，形成对受评者的第一印象，这是定性评价结论的初步综合阶段，然后评价沿着定性结论的方向和范围，进行深入的加工，为更高阶段的综合评价提供信息数据，这种在定量评价基础上开展的第二次定性评价所得出的结论更加符合客观规律性，更加具有充分的说服力，更为准确和科学。

### （三）坚持以形成性评价为主，使形成性评价与终结性评价相结合

形成性评价也叫过程评价，目的在于了解"三进"工作的进行状态和阶段性结果，及时发现存在的问题与缺陷，起到诊断问题、提供信息和改进工作的作用。因此，只有对"三进"工作进行连续不断的评价，才能不断对受评者作出形成性评价的结论，及时反映受评者的发展、变化等表现及达到预定目标的程度。终结性评价也叫绩效评价，它具有导向、强化、诊断的功能。终结性评价尽管重要但要以形成性评价为基础，推进"三进"工作不仅要关心评价的结论，而且要注重推动的实际效果和工作进程。因此，在承认终结性评价的重要作用的同时，更要注重评价的形成性功能，通过各个时期、各个阶段的效果信息反馈，分析和预测目标实现的程度，以及实现更高目标的潜力，看发展，重现实，起到诊断问题、提供信息和改进工作的指导作用，只有这样才能使评价具有较强的针对性和指向性。

### （四）坚持以客观评价为主，使客观评价与主观评价相结合

客观评价从广义上理解，是对"三进"工作质量过程及其各个环节进行实事求是的评价和估量，力求获取客观数据。主观评价是让受评者自己对自己的状况进行自我评价，自我的主观评价不仅有利于提高收集评价信息的质量，作出客观的事实判断，而且有利于调动受评者参与评价的积极性。因此，只有将主观评价与客观评价相结合、自评与他评相统一，在重视评价者对受评者考评的同时，也要注重受评者的自我评价的作用，高度

重视受评者的自我小结、自我鉴定、自我心态的调适、自我发展目标的调整的信息了解，以便为评价者的考评提供更加充分的依据，有助于评价者作出更加客观的价值判断，也有利于沟通评价者与受评者感情渠道，使受评者自觉地接受和理解评价者所作的评价结论。离开了自评的评价不是完整的评价，其评价的依据来源可能不充分，而脱离了他评的评价也是难以达到全面、客观、严密和科学的，只有以客观评价为主，使客观评价与主观评价相结合，评价结论才能符合实际，全面、公正。

# 总结与展望　习近平新时代中国特色社会主义思想"三进"工作的守正创新

总结经验是为了更好地面向未来。新时代的"三进"工作要充分继承已有"三进"工作的经验，守正创新。守正是创新的前提和基础，创新是发展的动力和源泉，要在坚守本真、批判继承历史经验的前提下进行。"三进"工作要在创新中发展，在发展中创新，不断提升实效性。

## 一　坚持守正为本

"三进"工作需要不断开拓创新，但创新的前提是守正，在创新之前要清楚地认识到底线是什么，要遵守什么、摒弃什么。"三进"工作 20 多年来所遵循的原则为新时代"三进"工作提供了依据。同时，"三进"工作的最终目的是使新时代学生掌握习近平新时代中国特色社会主义思想的精髓以指导自己的实践。首先，守正体现的是要回归这一思想的本质，坚守这一思想的科学内涵，确保"进"的是习近平新时代中国特色社会主义思想的理论精髓，而不是一些错误和歪曲的解读。其次，"三进"工作具有强烈的意识形态属性和鲜明的政治立场，不仅仅是知识的传授过程，更是价值的传递过程，要坚持"建设性和批判性相统一""政治性和学理性相统一""价值性和知识性相统一"[①]，要坚持中国共产党的领导，坚定政治立场，紧紧围绕"培养什么人、怎样培养人、为谁培养人"的根本问题。再次，思政课教师要按照"政治要强""人格要正"的要求，保持政治清醒，将政治人格、道德人格、情感人格作为检验工作的重要标准和基础。最后，"三进"工作要以思政课为主渠道，通过不断改进和完善教材体系，充分依托

---

[①] 习近平:《思政课是落实立德树人根本任务的关键课程》，人民出版社，2020，第 19、17、18 页。

这一落实立德树人根本任务的关键课程，将教材体系转化为教学体系，依靠教学体系实现"进头脑"这一最终目标。

## 二　用好现有资源

创新并非要全盘否定过去的成果，也不是与过去所做的工作进行决裂，而是要在充分了解历史的基础上借鉴成功经验，充分利用现有条件推动发展。新时代的"三进"工作要建立在过去"三进"工作的成功经验的基础之上，在充分利用现有条件的基础上充实新内容、探索新方法。"三进"工作随着党的理论创新成果的不断丰富和发展，在课程方案不断探索和改革之中积累了丰富的经验，从"85方案"到"98方案"再到"05方案"，课程设置的内容以马克思主义中国化的最新理论发展为主线，构建了以邓小平理论、"三个代表"重要思想、科学发展观和习近平新时代中国特色社会主义思想为核心的课程体系。可以说，思政课改革是在"三进"工作的任务和要求下逐渐推进的，同时课程改革又促进和推动了"三进"工作的开展，这既是我们继续探索和创新的基础，也是支撑我们继续做好"三进"工作的力量源泉。随着马克思主义理论一级学科的建立和发展，思政课获得了学科建设的有力支撑，推动了课程体系建设的专业化和科学化。随之而来的还有不断深入的教材改革以及教学方法的不断变革。近几年开展的思政课建设优秀成果展、周末理论大讲堂、全国思政课教学展示活动、思政课改革创新现场推进会、全国大学生微电影展示活动等都有效地推进了"三进"工作的开展。同时，随着课程改革和学科体系建设的不断进步，教师队伍建设也呈现出逐步优化的局面，教师在思政课中的引导作用不断增强，在阐释党的理论创新成果、组织学生讨论和实践、解答学生疑问和困惑等方面的优势更为突出。这些都是"三进"工作可利用的优势资源。此外，新的历史方位和时代特点塑造了新时代学生。新时代学生成长于追求和实现中华民族伟大复兴中国梦的时代，面临世界百年未有之大变局，深受全球化、科技革命和各类社会思潮的影响，具有与以往不同的特点，这些都是推进"三进"工作发展的基础。

## 三　推动创新发展

创新是发展的不竭动力，做好"三进"工作亦是如此。"三进"工作要在借鉴历史经验、充分利用现有条件的基础上创新发展，通过回答好"教什么""如何教""如何教得好"，实现教材体系向教学体系转化、知识体系向价值体系转化。

首先，在及时修订教材内容、继续丰富教材形式的基础上，进一步加强教材建设，推动习近平新时代中国特色社会主义思想"进教材"。要在构建立体化教材体系的过程中进入。思政课立体化教材体系主要包括教科书、教学配套用书、课件、案例、数字资源和网络信息资源库等。例如，深化教材概念，使教材从纸质媒介转变为多媒体互动平台，将静态、封闭、平面的模式转变为动态、开放、立体的模式。可以制作相关精彩案例，使新时代学生在案例分析中与案例教材形成互动。又如，以网络为依托，以"云计算和大数据""互联网""电脑、移动设备、可穿戴设备等"为基础设施，将传统教材中关于习近平新时代中国特色社会主义思想的内容应用于翻转课堂等。再如，构建由数字课本、电子教案和课件、微课、题库、案例库、学术论坛等形式构成的多元素、多环节的教材模式。对于习近平新时代中国特色社会主义思想的同一内容可由几种不同的教材模式进行展示，但要有所区别和侧重，理论常识可用多媒体课件展示，实例分析可采用案例库等。

要在转换教材话语的过程中进入。一方面，要将文件话语转化为教材话语。教材话语要紧紧围绕文件话语，将文件中关于习近平新时代中国特色社会主义思想的内容作为教材话语的根本依据，做到话语内容的不偏不倚，有秩有序。教材话语要以逻辑性、整体性和系统性为指导原则，将文件话语梳理编制成理论体系。另一方面，要将政治话语、学术话语、生活话语相结合。政治话语是思想政治教育话语系统的核心，在思想政治教育话语中，政治话语既不可缺少又不可回避，而学术性是大学课堂的重要特征，缺乏学术性将会遭到质疑，同时思政课教材的意义包括对学生日常生活的解疑释惑，只有通过生活话语才能唤起学生对生活本质的思考。因此，教材话语体系要内在地体现政治话语、学术话语和生活话语的融通，在转换话语中将这一思想融入教材。

要在改进教材呈现方式的过程中进入。教材呈现方式是课程内容的表达方式和外观形式，对教材的使用效果具有重要影响。需要根据不同种类的教材设计教材栏目；要在学习目标、学习要点、呈现教学内容、布置思考任务等方面设计教材的体系结构；要不断拓宽版式设计思路，将互联网、人工智能等高科技元素融入版式设计，以使教材更富有吸引力和亲和力，同时对教师教学和学生自学起到提示重点内容的作用。

其次，推动教材体系向教学体系的深度转化，精准"进课堂"。紧紧依托思政课主渠道，将习近平新时代中国特色社会主义思想作为主线，推动教材体系向教学体系精准转化。通过以研促教提升课堂的思想性和理论性。坚持内容为王、深耕教材，以对习近平新时代中国特色社会主义思想的科学研究为支撑，通过开展研讨、培训、集体备课、课题研究等形式，深刻把握这一思想的理论内涵和价值立场。按照《新时代学校思想政治理论课改革创新实施方案》中关于大学阶段思政课的课程设置和学分要求，根据教学大纲和教材内容进行课堂讲授，通过深入的学理分析讲透习近平新时代中国特色社会主义思想是对马克思主义理论的继承和发展，讲透其深刻的理论内涵，尤其要发挥好"习近平新时代中国特色社会主义思想概论"课的作用，在课堂中充分展现教材内容的思想性和理论性。

通过转换话语提升课堂的亲和力。思政课要将教材话语转换为教学话语。一方面，要建构话语内容，通过将社会实际问题和学生思想问题与教材理论内容相结合，将教材体系中关于习近平新时代中国特色社会主义思想的理论内容进行整合与重构，或以专题的形式，或按照历史发展的逻辑顺序等形式，形成易于在课堂呈现的话语内容；另一方面，要转换话语表达，将晦涩的理论表达转化成学生易于理解和乐于接受的语言，将灌输、说理式的交流方式转换成引导、叙事式的交流方式，使课堂教学更具亲和力。在此方面，算法主导下的数据分析和分发具有相当的技术优势。学生需要通过思想政治教育答疑解惑和引领思想，但传统思想政治教育话语在算法主导的网络传播中难以融入。因此，要积极发掘学生使用频率较高的网络词语，增强宣传阐释习近平新时代中国特色社会主义思想的话语表达的亲和力，提升学生接受、点赞和转发的意愿。在课堂上，教师也可以借此技术优势，增强教学话语的亲和力。当然，要坚持科学性，不能一味迎合学生喜好而改变这一思想本身的内涵。

通过区分对象提升课堂的针对性。一方面，区分教学对象，对于不同年级、专业的学生要根据教材设计不同层次的课堂教学内容，形成具有特色的教案和课件，使课堂教学既源于教材又不囿于教材。文史类学生的理论功底较好，可适当拓展和深化教材内容，通过更广阔的理论视角和更深入的理论解析讲授习近平新时代中国特色社会主义思想所蕴含的科学方法；对于理工农医类学生，更宜采用通俗易懂的方法，以相关专业科学家的科研生涯和科学成果为例，展现习近平新时代中国特色社会主义思想中所凝聚的科学精神；对于艺体类学生，更宜选用与其生活密切相关的生动活泼的事例使学生亲身感受这一思想的魅力。通过区分教学对象，激发不同层次学生的主观能动性，促成课堂教学的"供—需"平衡。另一方面，区分学生需求，通过大数据技术实现教材内容向课堂内容的目标式转化。大数据技术可以通过采集人们过往行为，从海量的、碎片化的数据信息中发现隐含的有价值的思想、观念、意识等信息，并通过量化而精准地计算分析人们的需求，使对社会思潮和舆情言论的研究更为科学而精细。将这一技术应用于分析学生的思想需求和困惑，有助于在课堂上运用教材知识，帮助学生明辨是非、解疑释惑。同时，通过教师的引导，也能在一定程度上避免学生陷入"信息茧房"。

最后，推动知识体系向价值体系的深度转化，切实"进头脑"。通过发挥各方协同作用，推动知识体系向价值体系深度转化，实现学生对习近平新时代中国特色社会主义思想内化于心、外化于行。通过推动建构"大思政"格局进入。推动习近平新时代中国特色社会主义思想"进头脑"，需要打好"组合拳"。一方面，要促进主渠道与主阵地相互结合。"思政课不仅应该在课堂上讲，也应该在社会生活中来讲。"[1] 思政课是思想政治教育的关键途径，但不是唯一途径。思政课重在展现思想和理论的魅力，为日常思想政治教育提供理论支撑，而日常思想政治教育更加注重结合学生日常学习和生活，通过实践掌握习近平新时代中国特色社会主义思想的价值意蕴和方法论意义，提升学生的思想政治觉悟，为思政课教学提供实践场域，二者相互独立又不可分离。另一方面，要促进思政课程与课程思政相互补充。《新时代学校思想政治理论课改革创新实施方案》对新时代思政课改革创新提出要求，在全国重点马克思主义学院率先全面开设"习近平新时代中国特色社会主义思想概论"课，与原有思政课形成合力。思政课是立德树人的关键课程，但不是唯一课程。教育的根本任务要求所有课程都发挥

---

① 《""大思政课" 我们要善用之"》，《人民日报》2021 年 3 月 7 日。

育人功能，探寻专业课程与思政课程的融通之处，深入挖掘专业课程的思想政治教育资源，在专业知识的讲授过程中潜移默化地将这一思想所包含的价值意蕴传递给学生，做到思政课程与课程思政协同育人。

通过展现教师专业能力和个人魅力进入。一方面，充分展现教师的专业素养和教育能力。要探究理论的价值逻辑，研究阐释好习近平新时代中国特色社会主义思想的价值主体是人民，价值目标是实现中华民族伟大复兴和满足人民美好生活向往，价值实现路径和方略是"四个全面"和"五位一体"，将理论体系中所蕴含的价值内核最终反映成社会主义核心价值观呈现给学生。同时又要探究学生的接受心理，"进头脑"即学生从心理上对其理论内涵和价值观念接受和认同，最终结果是从知识体系转化为价值体系，形成内化精神和外化行为。接受分为外在性接受和内在性接受，前者与"注意"相关，后者与"兴趣"相关。教师通过对外在性接受的研究，减少学生逆反心理，使其在不知不觉中接受，同时将"无注意接受"升华为"有注意接受"，提升其认同的自觉性；通过对内在性接受的研究，激发学生兴趣，使其更乐于将其应用于实践。另一方面，充分展现教师的个人魅力。教师通过带着立场和真情讲透习近平新时代中国特色社会主义思想所蕴含的大国底蕴、人民立场和开放的胸怀；通过富有吸引力的课堂话语，讲清楚其形成的历史渊源和时代背景，感悟其厚重的历史意义；通过展现教师的理论功底、情怀担当、人格魅力来感染和影响学生，引起情感共鸣，增强学生使命担当意识，引导学生争做能够担当民族复兴大任的时代新人。

通过践行新方法进入。新时代学生具有鲜明的时代特点，获取知识和信息的方式日渐多元化，对理论问题有着独特的理解和认识。教师要树立"因事而化、因时而进、因势而新"[①] 的理念，坚持"主导性和主体性相统一""灌输性和启发性相统一""显性教育和隐性教育相统一"[②]，根据学生身心发展特点，按照大学阶段重在增强学生使命担当的要求，推动习近平新时代中国特色社会主义思想"进头脑"。其一，通过开展实践实现感悟式进入。在原有的理论学习和社会实践相结合的基础上，提高实践教学比重，

---

① 《习近平谈治国理政》第 2 卷，外文出版社，2017，第 378 页。
② 习近平：《思政课是落实立德树人根本任务的关键课程》，人民出版社，2020，第 21、22、23 页。

建设实践教学基地，完善校企合作和实训制度等。其二，通过交流互动实现比较式进入。通过融合不同专业、地区、年龄等情况的学生交流互动，将个人所遇社会实际情况相互比较，使学生认识到习近平新时代中国特色社会主义思想是具有马克思主义理论风格的活的指导思想。其三，通过数字媒体实现自主式进入。课堂教学要适度而不能过度，避免造成学生抵触情绪，课堂上解决不了的问题，可将其呈现于网络教学平台，或利用微信公众号、视频号等，将学习的权利交给学生自己，实现自主式进入。其四，通过任务设置实现行动式进入。在学生已进行理论或实践学习后，通过设置各类任务，如理论宣讲、志愿服务、角色互换等，将学到的理论知识和在实践中感悟到的思想情感付诸行动，在向他人宣传和为他人服务的过程中检验学习成果、深化自身认识并帮助和影响他人，实现内化于心并外化于行，真正实现"三进"工作的目标。

# 参考文献

## 一 马克思主义经典著作及党的文献

《马克思恩格斯选集》第1~4卷，人民出版社，2012。

《马克思恩格斯文集》第1~10卷，人民出版社，2009。

《列宁选集》第1~4卷，人民出版社，2012。

《列宁专题文集》第1~5卷，人民出版社，2009。

《斯大林选集》上、下卷，人民出版社，1979。

《毛泽东选集》第1~4卷，人民出版社，1991。

《毛泽东著作选读》上、下册，人民出版社，1986。

《毛泽东著作专题摘编》上、下卷，中央文献出版社，2003。

《邓小平文选》第1~2卷，人民出版社，1994。

《邓小平文选》第3卷，人民出版社，1993。

《江泽民文选》第1~3卷，人民出版社，2006。

《江泽民论有中国特色社会主义（专题摘编）》，中央文献出版社，2002。

《胡锦涛文选》第1~3卷，人民出版社，2016。

《习近平谈治国理政》第1卷，外文出版社，2018。

《习近平谈治国理政》第2卷，外文出版社，2017。

《习近平谈治国理政》第3卷，外文出版社，2020。

《习近平谈治国理政》第4卷，外文出版社，2020。

《改革开放三十年重要文献选编》上、下卷，中央文献出版社，2008。

《三中全会以来重要文献选编》上、下卷，人民出版社，1982。

《十二大以来重要文献选编》上、中、下卷，人民出版社，1986、1988。

《十三大以来重要文献选编》上、中、下卷，人民出版社，1991、1993。

《十四大以来重要文献选编》上、中、下卷，人民出版社，1996、1997、1999。

《十五大以来重要文献选编》上、中、下卷，人民出版社，2000、2001、2003。

《十六大以来重要文献选编》上、中、下卷，中央文献出版社，2005、2006、2008。

《十七大以来重要文献选编》上、中、下卷，中央文献出版社，2009、2011、2013。

《十八大以来重要文献选编》上、中、下卷，中央文献出版社，2014、2016、2018。

《十九大以来重要文献选编》上、中卷，中央文献出版社，2019、2021。

《中共中央关于制定国民经济和社会发展第十四个五年规划和二〇三五年远景目标的建议》，人民出版社，2020。

《中共中央关于党的百年奋斗重大成就和历史经验的决议》，人民出版社，2021。

## 二 报纸文章

杨兰英：《切实做好高校思想政治工作（有的放矢）》，《人民日报》2021年8月20日。

《学习宣传贯彻习近平新时代中国特色社会主义思想研讨会暨党史学习教育高端论坛发言摘编（奋斗百年路 启航新征程·学党史 悟思想 办实事 开新局）》，《人民日报》2021年7月22日。

罗旭：《坚守为党育人为国育才——党的十八大以来高校党的建设和思想政治工作综述》，《光明日报》2021年6月26日。

黄坤明：《深刻领会习近平新时代中国特色社会主义思想的精髓要义——读〈习近平谈治国理政〉第三卷》，《人民日报》2020年8月13日。

《深化新时代学校思想政治理论课改革创新》，《人民日报》2019年8月15日。

俞海萍：《思政课：扶正滋养青少年"拔节孕穗期"》，《光明日报》2019年3月30日。

本报评论员：《思政课改革创新应深刻把握"八个相统一"》，《光明日报》2019 年 3 月 21 日。

本报评论员：《理直气壮开好思政课》，《光明日报》2019 年 3 月 20 日。

本报评论员：《办好思想政治理论课关键在教师》，《光明日报》2019 年 3 月 19 日。

赵婀娜、丁雅诵：《谱写立德铸魂的奋进篇章——全国高校思想政治工作会议以来学校思想政治理论课建设综述》，《人民日报》2019 年 3 月 18 日。

陈宝生：《扎实推进党的理论创新成果进头脑》，《光明日报》2018 年 7 月 24 日。

贾宇：《寻找信仰的"打开"方式——巩固马克思主义在高校意识形态领域指导地位一席谈》，《光明日报》2017 年 2 月 20 日。

邓喜道：《问题式教学法的育人作用》，《光明日报》2017 年 1 月 4 日。

刘正东：《凭真情感人以真信服人》，《光明日报》2016 年 12 月 30 日。

张云飞：《原原本本读马克思主义文献》，《光明日报》2016 年 12 月 16 日。

田鹏颖：《创新高校思政课的学术话语体系》，《光明日报》2016 年 12 月 15 日。

王斯敏、孙熙国、韩喜平、刘建军、纪亚光：《"让思政理论课始终冒着热气"——首批全国重点马克思主义学院院长及骨干教师谈高校思想政治工作》，《光明日报》2016 年 12 月 15 日。

齐鹏飞：《思政课：透彻的理论有说服力》，《光明日报》2016 年 12 月 9 日。

齐峰：《把"四个自信"融入思政理论课教学全过程》，《光明日报》2016 年 11 月 30 日。

王凤羽：《三位一体培养"工学+管理"类人才》，《光明日报》2016 年 11 月 15 日。

中共吉林省委宣传部调研组：《大学生思想理论教育的创新实践——吉林省深入实施"青年马克思主义者培养工程"情况调查报告》，《光明日报》2016 年 9 月 7 日。

郑晋鸣、张莉丽：《变外在引导为内在融入——东南大学社会主义核心价值观引领下的思想政治理论课教学模式创新》，《光明日报》2016年6月2日。

关凤利：《推动五大发展理念融入高校思想政治理论课教学体系》，《光明日报》2016年2月25日。

葛慧君：《做好高校思想政治工作的着力点》，《人民日报》2016年1月25日。

娄淑华、马超：《思政课的价值追问》，《光明日报》2015年12月8日。

刘正东：《创新高校宣传思想工作话语体系（刷新见解）》，《人民日报》2015年11月18日。

张胜：《汇聚力量推进思政理论课综合改革创新——专家学者畅谈〈普通高校思想政治理论课建设体系创新计划〉》，《光明日报》2015年10月22日。

高国希：《思想政治理论课需加强》，《人民日报》2015年10月12日。

《推动党的理论创新最新成果进教材进课堂进头脑》，《人民日报》2015年9月18日。

靳辉明：《推动马克思主义理论学科上新台阶——写在马克思主义一级学科建立10周年之际》，《人民日报》2015年8月31日。

郝立新：《时代问题视阈下马克思主义理论教育的创新》，《光明日报》2015年7月18日。

陈福生：《扎实推进高校思想政治理论课建设》，《光明日报》2015年6月7日。

刘川生：《切实加强和改进高校思想政治理论课》，《光明日报》2015年2月14日。

董洪亮：《坚持马克思主义在高校意识形态领域的指导地位》，《人民日报》2015年2月6日。

邢文利：《切实推进社会主义核心价值观"进课堂"》，《光明日报》2015年1月31日。

本报评论员：《以高度的使命感办好高校思想政治理论课——论学习贯彻〈关于进一步加强和改进新形势下高校宣传思想工作的意见〉》，《光明日报》2015年1月22日。

魏哲哲：《思想政治课要让学生真心喜欢终身受益》，《人民日报》2015年1月21日。

彭菊花：《建设大学生真心喜爱终身受益的思想政治理论课》，《光明日报》2014年12月18日。

报告编写组：《高校马克思主义理论学科建设取得新进展——〈高校马克思主义理论学科发展报告（2013）〉摘要》，《光明日报》2014年12月8日。

曲建武：《思想政治理论课教师要有崇高的信仰追求》，《光明日报》2014年12月2日。

杨建毅：《建立健全高校思政理论课教师作用发挥的四个机制》，《光明日报》2014年8月18日。

欧阳恩良：《加强马克思主义理论学科对高校思政理论课的支撑作用》，《光明日报》2014年8月4日。

李忠军：《深化高校思政课教学方法改革的"四个统一"》，《光明日报》2014年7月2日。

《凝魂聚气强基固本立德树人——部分高校"培育和弘扬社会主义核心价值观座谈会"发言摘登》，《光明日报》2014年4月18日。

王珄：《推动党的理论创新成果"三进"的重要举措——访〈毛泽东思想和中国特色社会主义理论体系概论〉教材编写课题组负责人》，《光明日报》2014年3月24日。

杨业华：《把培育和践行核心价值观融入大学生思想政治教育全过程》，《光明日报》2014年1月15日。

蒋德勤：《打通思想政治教育最后一公里》，《光明日报》2013年7月8日。

陈岩松：《实践教学对提高思想政治理论课实效的作用》，《光明日报》2013年2月12日。

方桐清：《"三化"与"三进"》，《光明日报》2009年12月29日。

## 三　期刊文章

金民卿：《习近平新时代中国特色社会主义思想的重要历史地位》，《党建》2022年第1期。

韩宪洲、宋志强：《习近平关于新时代教书育人论述探析》，《思想教育研究》2021年第11期。

李宏伟：《习近平新时代中国特色社会主义思想的理论特质及价值旨归》，《思想理论教育导刊》2021年第11期。

沈江平、李大千：《习近平关于意识形态重要论述的生成逻辑探究》，《湖南社会科学》2021年第6期。

曹景文：《伟大建党精神是中国共产党的精神之源》，《思想理论教育》2021年第8期。

洪晓楠、张存达、方玉梅：《习近平新时代中国特色社会主义思想"三进"状况调查与对策》，《思想教育研究》2021年第7期。

韩宪洲：《以课程思政推进师德师风建设的内在逻辑与现实路径》，《思想理论教育导刊》2021年第7期。

万欣荣、陈鹏：《习近平关于文明交流互鉴重要论述的生成逻辑、主要意蕴及时代价值》，《思想教育研究》2021年第6期。

廉伟、廉永杰：《习近平关于意识形态工作重要论述的哲学意蕴》，《思想教育研究》2021年第6期。

王岩、毛奕峰：《"五个统一"：深化习近平新时代中国特色社会主义思想学理性研究的理与路》，《思想理论教育导刊》2021年第6期。

秦宣：《"习近平新时代中国特色社会主义思想概论"课程建设的思考》，《思想理论教育导刊》2021年第6期。

李大健：《用习近平新时代中国特色社会主义思想铸魂育人的三维路向》，《思想理论教育导刊》2021年第6期。

段晓芳：《习近平关于改革开放重要论述的建构逻辑》，《思想教育研究》2021年第4期。

苗瑞丹、吴文霞：《习近平关于青年社会责任重要论述的基本要义》，《思想教育研究》2021年第4期。

徐斌、冯楠楠：《习近平新时代中国特色社会主义思想的主要特征论析》，《思想理论教育导刊》2021年第4期。

李冉、李国泉：《"习近平新时代中国特色社会主义思想概论"课建设的若干思考》，《思想理论教育》2021年第4期。

燕连福、郭世平、樊志远：《论脱贫攻坚精神的形成基础、核心内涵和弘扬路径》，《思想教育研究》2021年第3期。

代红凯：《深入推进习近平新时代中国特色社会主义思想学理化研究》，

《思想理论教育导刊》2021年第3期。

王乐乐、顾友仁：《习近平关于青年思想政治教育工作重要论述的创新性及其历史贡献》，《湖北社会科学》2021年第3期。

刘凤义、马梦菲：《用习近平新时代中国特色社会主义思想铸魂育人——第十届全国中青年马克思主义学者高峰论坛综述》，《思想理论教育导刊》2021年第2期。

曾瑞明：《论习近平新时代中国特色社会主义思想的社会革命向度》，《思想理论教育》2021年第2期。

张奇：《习近平法治思想的理论渊源、基本特征与重要意义》，《思想教育研究》2021年第1期。

查少刚：《习近平新时代中国特色社会主义思想有机融入"原理"课教学的总体构想》，《思想理论教育导刊》2021年第1期。

姜强强、张晓东：《习近平关于好老师重要论述的价值意蕴》，《思想教育研究》2020年第11期。

陈瑞婷、柳作林、杨行：《论"不忘初心"与"不忘本来"的辩证互动关系》，《湖北社会科学》2020年第11期。

袁北星：《〈习近平谈治国理政〉第三卷中的文化观》，《湖北社会科学》2020年第11期。

秦在东、靳思远、李心依：《论〈习近平谈治国理政〉第三卷政治智慧的基本特征》，《湖北社会科学》2020年第11期。

韩文乾：《习近平马克思主义学习观的五重维度》，《思想教育研究》2020年第10期。

黄蓉生、樊新华：《习近平关于高校思想政治工作重要论述基本特征探析》，《思想教育研究》2020年第10期。

孙宇伟、陶文昭：《高校思想政治理论课坚持建设性和批判性相统一：理论蕴涵、现实问题和科学方法》，《思想教育研究》2020年第10期。

沈壮海、黄雄义：《当代中国马克思主义教育理论的鲜明特征——学习习近平总书记关于教育的重要论述》，《思想理论教育导刊》2020年第10期。

苏雨恒：《立德树人担使命教育出版谱新篇——谈教育出版如何贯彻落实习近平总书记关于教育的重要论述》，《思想理论教育导刊》2020年第

10 期。

石镇平：《习近平新时代中国特色社会主义思想对科学社会主义基本原则的坚持和发展》，《思想理论教育导刊》2020 年第 9 期。

余守萍：《新时代意识形态工作主体论——深入学习习近平关于意识形态工作主体的重要论述》，《思想教育研究》2020 年第 8 期。

刘俊彦、叶子鹏：《习近平关于青年成长成才重要论述研究》，《思想教育研究》2020 年第 8 期。

张德玉：《学习贯彻习近平总书记给大学生重要回信精神的逻辑起点和实践理路》，《思想教育研究》2020 年第 8 期。

钟启东：《用习近平新时代中国特色社会主义思想铸魂育人的内容范畴与精神实质》，《思想理论教育》2020 年第 8 期。

谷少杰：《习近平新时代新闻舆论观述论及其时代价值探析》，《湖北社会科学》2020 年第 8 期。

南国君、束克东：《习近平关于创新重要论述的思想内涵与时代价值》，《思想教育研究》2020 年第 7 期。

焦金波：《习近平思想政治教育认知叙事研究》，《思想教育研究》2020 年第 7 期。

祝和军：《习近平关于新时代高校思想政治教育重要论述的文化意蕴》，《思想教育研究》2020 年第 7 期。

沈壮海、王芸婷：《用习近平新时代中国特色社会主义思想铸魂育人》，《思想理论教育》2020 年第 6 期。

胡沫、张加明：《思想政治理论课教学的信仰型接受论》，《思想理论教育》2020 年第 5 期。

佘双好、王珺颖：《新时代思想政治理论课建设的新举措与新变化》，《思想理论教育》2020 年第 5 期。

刘建军：《中国语境下爱国主义的信仰意蕴》，《思想理论教育》2020 年第 4 期。

杨鲜兰、程亚勤：《论习近平对人的全面发展理论的创新发展》，《湖北社会科学》2020 年第 4 期。

洪晓楠、张存达：《习近平新时代中国特色社会主义思想"三进"研究述评》，《思想理论教育导刊》2020 年第 3 期。

段光鹏、王向明：《以人民为中心：习近平新时代中国特色社会主义思想的价值取向》，《思想教育研究》2020 年第 2 期。

杨承训：《国家系统治理对马克思主义国家学说的新发展——习近平新时代中国特色社会主义思想的一大理论贡献》，《思想理论教育导刊》2020年第 2 期。

樊士博、齐卫平：《新时代中国共产党学习观探析》，《思想教育研究》2020 年第 1 期。

张瑞、白永生：《习近平关于青年工作重要论述的生成逻辑与时代价值》，《思想教育研究》2019 年第 12 期。

鲁品越、姚黎明：《论马克思主义作为以实践为标准的知识体系的本质特征》，《思想理论教育》2019 年第 12 期。

谷佳媚、周静：《习近平新时代中国特色社会主义思想铸魂育人的逻辑分析》，《思想教育研究》2019 年第 11 期。

孙冲亚、何祥林：《习近平幸福观的理论意蕴、理论品格和实践路径研究》，《思想教育研究》2019 年第 11 期。

陈锡喜、张濠：《推动高校思想政治理论课建设内涵式发展的要义和路径》，《思想理论教育》2019 年第 11 期。

李辽宁、于净源：《以党的先进性建设为民族复兴之路保驾护航——学习习近平关于"不忘初心、牢记使命"的重要讲话精神》，《思想教育研究》2019 年第 8 期。

颜叶甜、黄蓉生：《高校思想政治理论课教师应具有宽广的国际视野》，《思想教育研究》2019 年第 8 期。

崔健、向荣：《高校思想政治理论课教师应具有宽广的历史视野》，《思想教育研究》2019 年第 8 期。

张帆：《高校思想政治理论课教师应具有宽广的知识视野》，《思想教育研究》2019 年第 8 期。

顾钰民：《坚持思想政治理论课建设性和批判性相统一》，《思想教育研究》2019 年第 7 期。

吴宏政、辛欣：《思想政治理论课教学中的"以理服人"和"以情感人"》，《思想教育研究》2019 年第 7 期。

江家城、寇清杰：《高校思想政治理论课理论性和实践性相统一的基本依据、推进路径与内在要求》，《思想教育研究》2019 年第 7 期。

李红权、张春宇：《用习近平新时代中国特色社会主义思想铸魂育人的内在机理分析》，《思想理论教育》2019 年第 7 期。

董朝霞：《思想政治理论课坚持价值性与知识性相统一论析》，《思想理论教育》2019 年第 6 期。

张毅翔、刘兴华：《新时代高校思想政治理论课教师的使命担当》，《思想教育研究》2019 年第 5 期。

陈占安：《用习近平新时代中国特色社会主义思想铸魂育人——论新时代高校思想政治理论课的历史使命》，《思想理论教育》2019 年第 5 期。

张苗苗：《习近平关于教书育人的重要命题》，《思想教育研究》2019 年第 4 期。

张楠：《理直气壮办好思政课 用习近平新时代中国特色社会主义思想铸魂育人——访教育部高校思想政治理论课教学指导委员会主任委员顾海良教授》，《思想理论教育导刊》2019 年第 4 期。

崔健、刘雨思：《习近平新时代中国特色社会主义思想"三进"的战略思考》，《思想理论教育导刊》2019 年第 4 期。

陈金龙：《新时代思想政治理论课建设的思维方法——学习习近平总书记在学校思想政治理论课教师座谈会上的重要讲话》，《思想理论教育》2019 年第 4 期。

张毅翔：《系统推进习近平新时代中国特色社会主义思想"三进"工作的整体性视角》，《思想理论教育导刊》2019 年第 3 期。

杨金海：《深化改革开放精神研究的方法论思考——深入学习习近平总书记在庆祝改革开放 40 周年大会上的重要讲话精神》，《思想理论教育》2019 年第 3 期。

孙力、翟桂萍：《习近平新时代中国特色社会主义思想对科学社会主义理论的重大贡献》，《思想理论教育》2019 年第 3 期。

范杨：《习近平关于共青团工作系列重要论述及指导意义》，《思想教育研究》2019 年第 2 期。

孟睿、俞良早：《习近平关于新时代意识形态工作领导权论述的基本品格》，《思想教育研究》2019 年第 1 期。

## 四 硕博学位论文

朱鸿亮：《习近平新时代中国特色社会主义文化建设重要论述的理论体系研究》，博士学位论文，西安理工大学，2021。

陈宏达：《新时代增强党的思想引领力研究》，博士学位论文，广西师范大学，2021。

周茜：《习近平关于党的政治建设重要论述研究》，博士学位论文，贵州师范大学，2021。

刘春玲：《习近平人类命运共同体理念及其价值研究》，博士学位论文，哈尔滨师范大学，2021。

刘金莹：《习近平青年工作思想研究》，博士学位论文，哈尔滨师范大学，2021。

冯超：《习近平新时代人才观研究》，博士学位论文，东北师范大学，2021。

杨清：《习近平关于青年教育重要论述研究》，博士学位论文，南昌大学，2020。

王新建：《新时代思想政治教育的"两化"原则研究》，博士学位论文，中国矿业大学，2020。

秦苗苗：《习近平关于师德建设论述研究》，博士学位论文，大连海事大学，2020。

王爱莲：《高校思想政治理论课内涵式发展研究》，博士学位论文，东北师范大学，2020。

孙振琳：《习近平关于理想信念的重要论述研究》，博士学位论文，大连海事大学，2020。

丁新改：《新时代党的政治建设思想研究》，博士学位论文，苏州大学，2020。

陈曦：《新时代中国特色社会主义文艺建设研究》，博士学位论文，吉林大学，2020。

王英洁：《高校思想政治理论课教师价值观研究》，博士学位论文，吉林大学，2020。

李丹：《新时代高校思想政治理论课教师角色定位研究》，博士学位论文，哈尔滨师范大学，2020。

王玺：《思想政治理论课教学空间研究》，博士学位论文，电子科技大学，2020。

赵开开：《习近平马克思主义中国化重要论述研究》，博士学位论文，曲阜师范大学，2020。

苏胜毅：《马克思主义哲学中国化的民族性及其当代建构》，博士学位论文，中央民族大学，2019。

贾兆帅：《习近平总书记关于青年工作的重要思想研究》，博士学位论文，西南交通大学，2019。

张慧：《习近平青年观研究》，博士学位论文，吉林大学，2019。

陈梦圆：《高校思想政治理论课教学方法研究》，博士学位论文，东北师范大学，2019。

徐广田：《习近平全面从严治党重要思想研究》，博士学位论文，大连理工大学，2019。

王晶晶：《习近平以人民为中心的发展思想研究》，博士学位论文，辽宁大学，2019。

孙在丽：《新时代我国普通高等学校思想政治理论课教师队伍建设研究》，博士学位论文，中共中央党校，2019。

杨伟宾：《习近平关于全人类共同价值的重要论述及其国际认同研究》，博士学位论文，西南交通大学，2019。

艾春洋：《习近平新时代中国特色社会主义思想实践观研究》，博士学位论文，中央民族大学，2019。

张艳丽：《大学生思想政治理论课获得感研究》，博士学位论文，华中师范大学，2019。

于爱桂：《新时代我国意识形态安全问题研究》，博士学位论文，苏州大学，2019。

刘尧：《习近平社会主义意识形态重要论述研究》，博士学位论文，北京交通大学，2019。

高晶华：《习近平关于党的建设重要论述研究》，博士学位论文，西安科技大学，2019。

吕文菁：《习近平世界文明观研究》，博士学位论文，湖南师范大学，2019。

陈旭：《习近平新时代人类命运共同体思想实践价值研究》，博士学位论文，吉林大学，2019。

杨璐：《马克思主义中国化视域中习近平新时代中国特色社会主义思想研究》，博士学位论文，吉林大学，2019。

蔡洁：《习近平文化强国观研究》，博士学位论文，湖南师范大学，2019。

黄兰兰：《高校本科思想政治理论课教学基本范畴研究》，博士学位论文，电子科技大学，2019。

石立春：《当代中国网络民粹主义思潮研究》，博士学位论文，西南交通大学，2019。

韩建旭：《习近平关于网络强国的重要思想研究》，博士学位论文，中央财经大学，2019。

李长斗：《互联网发展新态势下我国社会主义意识形态建设研究》，博士学位论文，河北师范大学，2019。

马辉：《高校思想政治理论课教学评价指标体系构建研究》，博士学位论文，哈尔滨工程大学，2019。

郭潜深：《马克思恩格斯共产主义思想及其当代价值研究》，博士学位论文，中国地质大学（北京），2019。

张川：《习近平新时代政治激励理论研究》，博士学位论文，中国地质大学，2019。

尹紫薇：《习近平信仰信念观研究》，博士学位论文，武汉理工大学，2019。

尹红领：《习近平生活价值论研究》，博士学位论文，郑州大学，2019。

张博：《新时代习近平关于意识形态工作的理论创新研究》，博士学位论文，中国社会科学院研究生院，2019。

王志建：《习近平群众观研究》，博士学位论文，辽宁大学，2019。

马荣华：《习近平意识形态话语权思想研究》，博士学位论文，东北师范大学，2019。

陈爱香：《高校思想政治理论课青年教师教学发展研究》，博士学位论文，湖南大学，2019。

汤素娥：《习近平新时代劳动观研究》，博士学位论文，湖南大学，2019。

秦伟：《人类命运共同体的经济基础与中国实践》，博士学位论文，上海社会科学院，2019。

张颖：《习近平共享发展理念研究》，博士学位论文，湖南科技大学，2019。

王璇：《习近平全面从严治党思想研究》，博士学位论文，大连海事大学，2019。

马天驰：《习近平全面从严治党理论与实践研究》，博士学位论文，曲阜师范大学，2019。

陈淑燕：《习近平全面从严治党思想研究》，博士学位论文，中共中央党校，2018。

王丰：《习近平新时代中国特色社会主义思想的哲学研究》，博士学位论文，中共中央党校，2018。

## 五　中文研究著作

韩振峰主编《新时代思想政治理论课改革创新研究》，中央编译出版社，2021。

贺莉：《高校思想政治理论课教学效果及其影响因素研究》，中国社会科学出版社，2021。

刘宝杰、杨世宏主编《高校思想政治理论课实践教学：理论与实践》，光明日报出版社，2021。

《党的十九届六中全会〈决议〉学习辅导百问》，党建读物出版社、学习出版社，2021。

《〈中共中央关于党的百年奋斗重大成就和历史经验的决议〉辅导读本》，人民出版社，2021。

薛晓斌：《思想政治理论课教学科学化：理论与实证研究》，人民出版社，2020。

郭凤志主编《高校思想政治理论课程建设研究》，北京师范大学出版社，2020。

陈晓云：《高校思想政治理论课教师的角色冲突——场域理论视域下的

高校思政课教师发展研究》，上海三联书店，2019。

冯刚主编《理直气壮开好思政课——把握新时代思政课建设规律》，人民出版社，2019。

李芳：《高校思想政治理论课教学方法科学化研究》，中央编译出版社，2019。

逄锦聚：《马克思主义理论教育教学论》，中国人民大学出版社，2018。

《习近平新时代中国特色社会主义思想三十讲》，学习出版社，2018。

汪青松：《思想理论教育与马克思主义中国化》，上海社会科学院出版社，2018。

黄德珍、李艳、石中晨：《社会主义核心价值观教育研究》，中国文史出版社，2018。

赵雪梅主编《新形势下研究生思想政治工作理论与实践》，武汉大学出版社，2018。

钱明辉：《思想政治理论课教学方法改革探索》，人民出版社，2015。

陈万柏、张耀灿主编《思想政治教育学原理》，高等教育出版社，2015。

教育部思想政治工作司组编《加强和改进大学生思想政治教育重要文献选编》（1978—2014），知识产权出版社，2015。

冯刚、郑永廷主编《思想政治教育学科30年发展研究报告》，光明日报出版社，2014。

冯刚：《思想政治教育学科40年发展研究报告》，中国人民大学出版社，2024。

骆郁廷：《思想政治教育贯通论》，人民出版社，2023。

项久雨：《新时代思想政治教育主题论》，人民出版社，2023。

邱柏生、董雅华：《思想政治教育学新论》，复旦大学出版社，2012。

王树荫主编《中国共产党思想政治教育史》，中国人民大学出版社，2011。

郑永廷主编《思想政治教育方法论》（修订版），高等教育出版社，2010。

冯刚、沈壮海主编《中华人民共和国学校德育编年史》，中国人民大学出版社，2010。

石云霞：《新中国成立以来中国共产党思想理论教育历史研究》，中国社会科学出版社，2010。

艾四林主编《思想政治理论课新体系与教师队伍建设研究》，清华大学出版社，2008。

教育部社会科学司组编《普通高校思想政治理论课文献选编》（1949—2008），中国人民大学出版社，2008。

顾海良、佘双好主编《高校思想政治理论课程教学改革研究》，武汉大学出版社，2006。

骆郁廷主编《高校思想政治理论课程论》，武汉大学出版社，2006。

张雷声、郑吉伟、李玉峰：《新中国思想理论教育史》，高等教育出版社，2005。

〔美〕丹尼·L.乔金森：《参与观察法》，龙筱红、张小山译，重庆大学出版社，2009。

〔美〕赫伯特·J.鲁宾、艾琳·S.鲁宾：《质性访谈方法：聆听与提问的艺术》，卢晖临、连佳佳、李丁译，卢晖临校，重庆大学出版社，2010。

## 六　外文研究著作及论文

Arthur S. Ding, Jagannath P. Panda, *Chinese Politics and Foreign Policy under XiJinping: The Future Political Trajectory*, Routledge, 2020.

Elizabeth C. Economy, *The Third Revolution: XiJinping and the New Chinese State Reprint Edition*, Oxford University Press, 2019.

Francois Bougon, *Inside the Mind of XiJinping*, Westl and Limited, 2018.

B. Dickson, *The Dictator's Dilemma: The Chinese Communist Party's Strategy for Survival*, New York, Oxford University Press, 2016.

James C. Hsiung, *The XiJinping Era: His Comprehensive Strategy Toward the China Dream*, CNTimesInc., 2015.

William A. Callahan, "Identity and Securityin China: The Negative Soft Power of the China Dream," *Politics*, Vol. 35, No. 3-4, 2015.

Richard D. Wolff, Stephen A. Resnick, *Contending Economic Theories: Neoclassical, Keynesian, and Marxian*, The MIT Press, 2012.

# 附录  相关阶段性研究成果

| 名称 | 成果形式（论文、专著、研究报告、专利等） | 载体（刊物名期数、出版社出版时间、报送渠道等） | 字数（万） | 获奖、获批示、转摘引用情况 |
|---|---|---|---|---|
| "课程思政"升级与深化的三维向度 | CSSCI 期刊论文 | 思想教育研究，2020（02）：93-98. | 0.9 | 被引：255 次；下载：9305 次 |
| 世界一流工科高校创业教育课程建设的经验与启示 | CSSCI 期刊论文 | 云南民族大学学报（哲学社会科学版），2020，37（05）：131-138. | 0.8 | 被引：7 次；下载：531 次 |
| 从"云思政"到"融思政"——抗疫期间高校思政工作的经验与升级 | CSSCI 期刊论文 | 中国高等教育，2020（17）：27-29. | 0.6 | 被引：10 次；下载：745 次 |
| 大学生思想政治教育主题研究知识图谱与未来展望 | CSSCI 期刊论文 | 思想教育研究，2021（02）：141-146. | 0.8 | 被引：11 次；下载：2256 次 |
| 论时代新人的道德素养及其培育 | 核心期刊论文 | 思想政治教育研究，2021，37（03）：150-155. | 1 | 被引：18 次；下载：1308 次 |
| 新时代青年爱国主义教育及其实践 | CSSCI 期刊论文 | 当代青年研究，2020（05）：24-29. | 0.9 | 被引：20 次；下载：1499 次 |
| 加快改革思想政治理论课，深化习近平新时代中国特色社会主义思想"三进"主渠道作用 | 成果专报 | 国家社科基金办 | 0.3 | — |
| 抗击新冠肺炎疫情期间高校思政工作的经验成果与转型升级 | 成果专报 | 国家社科基金办 | 0.6 | — |

注：《"课程思政"升级与深化的三维向度》获"思政学者"2019~2020 年度最受欢迎的思政文章；该表相关数据截至 2024 年 5 月底。

# 后 记

新时代，深入推动习近平新时代中国特色社会主义思想"三进"工作是一项紧要且迫切的重大理论和现实课题，是当前思想政治教育工作的重中之重。在理论上具有战略性和基础性的意义，在实践中则带有现实性和系统性的要求。这一工作既要有打基础、使长劲、促长效的"总图样"，又要有重理论、促实践、创业绩的"分图样"，还要有重新意、促新知、创新路的"新图样"，要有明确的思想理路、科学的逻辑进路、扎实的贯彻路径。对此，党的十八大以来，学界总体上遵循习近平新时代中国特色社会主义思想"为何进、进什么、如何进"的逻辑理路，从多学科、相交叉等视域，主要聚焦探讨了高校推进"三进"工作的战略价值与时代意蕴，"坚定不移进教材、生动活泼进课堂、融会贯通进头脑"的"三进"核心内容，以及确保"三进"工作整体落地生根的强有力保障机制和举措，等等。学界围绕习近平新时代中国特色社会主义思想"三进"工作研究形成了一批有影响力的理论成果，但受研究总体时间跨度限制，仍存在"三进"理论基础挖掘不够、现状分析不足、有效路径不全等薄弱环节，"三进"工作研究的系统性、全局性不足。

《理论武装何以可能？新时代"三进"工作创新路径研究》一书是国家社会科学基金高校思政课专项"全面推进习近平新时代中国特色社会主义思想进教材进课堂进头脑创新设计与实施路径研究"的研究成果。在编写过程中，广泛收集文献资料，深入高校开展调研，并多次召开研讨会和座谈会，注重发挥集体攻关优势，对研究思路、总体框架、研究重点、写作风格等问题进行了深入交流研讨。全书融合了我对新时代"三进"工作的深入思考，可以说是我对"三进"工作的心得体会，也是我作为一名高校思想政治教育工作者和管理者的思考与总结。在章节的设置上，结合习近平新时代中国特色社会主义思想"三进"工作研究与实践的开展，系统梳理、总结了习近平新时代中国特色社会主义思想"三进"工作的理论基础，从学理上探讨了习近平新时代中国特色社会主义思想"三进"工作的主客体、基本原则、主要内容、方式方法及评价体系，在此基础上提出了对习近平新时代中国特色社会主义思想"三进"工作的展望与总结。

全书主要内容共分为六章，具体分工如下：导言（宋来）、第一章（张驰）、第二章（宋来）、第三章（陈俊傲、宋来）、第四章（刘少文、宋来）、第五章（张驰）、第六章（宋来）、总结与展望（宋来）。宋来等负责全书统稿，李铁军、许瀛、黄清泉等参与协助相关工作。同时我要特别感王华杰、陆建森、黄支柳、任真、邓菡阳等同学在搜集资料、分析资料、校对文稿中做出的有益贡献。感谢杜仕菊教授、朱忆天教授、徐国民教授、邱卫东教授等对本书所提的意见和建议。

本书的编撰除了参考经典著作以外，还参考了相关专家学者的研究成果，深表感谢！文中采用脚注方式进行了标明，还在书末列出了主要参考文献。衷心感谢武汉大学左亚文教授慨允赐序，感谢社会科学文献出版社的大力支持与帮助，感谢出版社各位工作人员的辛勤付出！

本书力求主题明确、观点鲜活、思路清晰、逻辑严谨、论证充实，但在写作过程中疏漏之处在所难免，一些观点有待进一步深入探讨，对于本书的局限与不足只能留待今后补充与修正，也真诚地希望各位专家、读者批评指正。

宋　来

2025 年 4 月 18 日星期五 于上海 梅陇

**图书在版编目 (CIP) 数据**

　　理论武装何以可能？：新时代"三进"工作创新路
径研究／宋来著. -- 北京：社会科学文献出版社，
2025.5. -- ISBN 978-7-5228-5136-5

　　Ⅰ. D610；G641

　　中国国家版本馆 CIP 数据核字第 2025BD1704 号

## 理论武装何以可能？
### ——新时代"三进"工作创新路径研究

著　　者／宋　来

出 版 人／冀祥德
责任编辑／吕霞云
文稿编辑／胡金鑫
责任印制／岳　阳

出　　版／社会科学文献出版社·马克思主义分社（010）59367126
　　　　　　地址：北京市北三环中路甲 29 号院华龙大厦　邮编：100029
　　　　　　网址：www.ssap.com.cn
发　　行／社会科学文献出版社（010）59367028
印　　装／三河市尚艺印装有限公司

规　　格／开本：787mm×1092mm　1/16
　　　　　　印张：12.75　字数：209 千字
版　　次／2025 年 5 月第 1 版　2025 年 5 月第 1 次印刷
书　　号／ISBN 978-7-5228-5136-5
定　　价／89.00 元

读者服务电话：4008918866